U0632657

和谐校园文化建设读本

先哲风采

XIANZHEFENGCAI

齐佳楠/编写

吉林教育出版社

图书在版编目(CIP)数据

先哲风采 / 齐佳楠编写. — 长春：吉林教育出版
社，2012.6（2018.2重印）
（和谐校园文化建设读本）
ISBN 978－7－5383－8814－5

Ⅰ．①先… Ⅱ．①齐… Ⅲ．①哲学思想－中国－古代
－青年读物②哲学思想－中国－古代－少年读物 Ⅳ.
①B21－49

中国版本图书馆 CIP 数据核字(2012)第 116039 号

先哲风采   齐佳楠　编写

策划编辑　刘　军　　潘宏竹
责任编辑　付晓霞   **装帧设计**　王洪义

出版　吉林教育出版社（长春市同志街 1991 号　邮编 130021）
发行　吉林教育出版社
印刷　北京一鑫印务有限责任公司
开本　710 毫米×1000 毫米　1/16　13 印张　**字数**　165 千字
版次　2012 年 6 月第 1 版　2018 年 2 月第 2 次印刷
书号　ISBN 978－7－5383－8814－5
定价　39.80 元

吉教图书　　版权所有　　盗版必究

编 委 会

主　　编：王世斌

执行主编：王保华

编委会成员：尹英俊　尹曾花　付晓霞
　　　　　　刘　军　刘桂琴　刘　静
　　　　　　张　瑜　庞　博　姜　磊
　　　　　　潘宏竹
　　　　　　（按姓氏笔画排序）

总 序

千秋基业，教育为本；源浚流畅，本固枝荣。

什么是校园文化？所谓"文化"是人类所创造的精神财富的总和，如文学、艺术、教育、科学等。而"校园文化"是人类所创造的一切精神财富在校园中的集中体现。"和谐校园文化建设"，贵在和谐，重在建设。

建设和谐的校园文化，就是要改变僵化死板的教学模式，要引导学生走出教室，走进自然，了解社会，感悟人生，逐步读懂人生、自然、社会这三部天书。

深化教育改革，加快教育发展，构建和谐校园文化，"路漫漫其修远兮"，奋斗正未有穷期。和谐校园文化建设的研究课题重大，意义重要，内涵丰富，是教育工作的一个永恒主题。和谐校园文化建设的实施方向正确，重点突出，是教育思想的根本转变和教育运行机制的全面更新。

我们出版的这套《和谐校园文化建设读本》，全书既有理论上的阐释，又有实践中的总结；既有学科领域的有益探索，又有教学管理方面的经验提炼；既有声情并茂的童年感悟，又有惟妙惟肖的机智幽默；既有古代哲人的至理名言，又有现代大师的谆谆教诲；既有自然科学各个领域的有趣知识，又有社会科学各个方面的启迪与感悟。笔触所及，涵盖了家庭教育、学校教育和社会教育的各个侧面以及教育教学工作的各个环节，全书立意深邃，观念新异，内容翔实，切合实际。

我们深信：广大中小学师生经过不平凡的奋斗历程，必将沐浴着时代的春风，吸吮着改革的甘露，认真地总结过去，正确地审视现在，科学地规划未来，以崭新的姿态向和谐校园文化建设的更高目标迈进。

让和谐校园文化之花灿然怒放！

本书编委会

目 录

圣人孔子

孔子

孔子名丘,春秋时鲁国人。幼年时家"贫且贱",生活比较清苦,经过刻苦学习后,孔子对礼节、音乐、射箭、驾车、书写、计算等"六艺"都比较精通。孔子曾做过"委吏"(管理仓库)和"乘田"(管理畜牧)的小官。

孔子生活的时代,是周王朝分崩离析的时代。原先统一的周朝日渐衰落下去,各地出现大大小小的诸侯国。他们不按周"礼"(制度)行事,而是按自己的意愿统治国家。孔子看不惯这些。他觉得西周的制度最完美,一定要劝说各诸侯恢复周礼。这样,他以恢复周礼、以"仁"治天下为己任,周游于列国之间。

孔子最初在鲁国受到重视。鲁国国君按他的建议做了几件事都取得了成功。国君很高兴,孔子也得以升任大司寇(相当于今司法部长)。他在任期间,政通人和,声名远播。继而孔子官居摄相,代国相执掌朝政,成为一人之下,万人之上的人物。此时孔子进行了一系列的努力,恢复周礼,兴教化,正风俗。据说他摄政三个月,小商小贩不虚报价格;男女行人各走其道;四方宾客不等官府出面就有人接待;盗贼、奸淫之人则远远地逃离鲁国。

鲁定公十二年(公元前498年),孔子为削弱"三桓"(季孙氏、叔孙氏、孟孙氏三家世卿,因为是鲁桓公的三个儿子的后代,故称"三桓"。当时的鲁国政权实际掌握在他们手中,而"三桓"的一些家臣又在不同程度上控制着"三桓"),采取了堕三都的措施(即拆毁"三桓"所建城堡)。后来堕三都的行动半途而废,孔子与"三桓"的矛盾也随之激化。鲁定公十三年,齐国送 80 名美女到鲁国,鲁君季孙氏接受了女乐,君臣迷恋歌舞,多日不理朝政,孔子非常失望。不久,鲁国举行郊祭,祭祀后按惯例送祭肉给大夫们时并没有送给孔子,这表明鲁君不想再任用他了,孔子在不得已的情况下离开鲁国,到别国去寻找出路,开始了周游列国的旅程,这一年,孔子 55 岁。

　　孔子在弟子们的簇拥下,敝马凋车,行程几千里,历时十几年,前后到达过卫、陈、曹、宋、郑、蔡、楚、匡、蒲等诸侯国,拜访过大小君主 70 余人,历尽艰难,备尝辛酸,到头来竟是无人能用的结局。偶尔也有君主赏识,但多数情况下是遭人冷遇,有时甚至有生命危险。孔子曾被匡人拘留过 5 天,在蒲地被困,不容于曹国,被宋人追杀,在陈、蔡等地七天七夜粒米未进。一路上孔子备遭凶险,还受人讥笑:有人说他"四体不勤、五谷不分";有人拒绝为他引路;就连同行弟子也怨声载道。但是孔子仍以坚定的信念,旷达的态度,漠视一切困难,为实现自己所追求的理想而奔走。

周游列国

在现实中一次一次碰壁的情况下,孔子过了 14 年。68 岁那年,他终于回到了鲁国。晚年的孔子对国君的失望可想而知,他寄希望于青年和未来。于是孔子再设讲坛,广招门徒。

孔子是中国历史上第一位教师。中年时他就开始招收学生,并带领他们周游列国,为学生传道、授业、解惑。他开创和推广了私人讲学的风气,只要有人愿意学习,无论高低贵贱他都收下。孔子的学生很多,"弟子三千,贤者七十二",是说有弟子 3000 余人,出名的弟子有 72 人。也正是通过这些学生,才使孔子的政治理想得到继承,同时也使儒家学说比其他学说影响更深、流传更广。

设坛讲学

孔子教育学生有自己的一套思想,这些关于怎样学习,怎样做人的思想也是我国最早的教育思想。

孔子教育思想之一:安贫乐道,为人正直

子曰:"不义而富且贵,于我如浮云。"在孔子心目中,"义"是人生的最高价值,在贫富与道义发生矛盾时,他宁可受穷也不会放弃道义。但他的安贫乐道并不能看作是不求富贵,只求维护道,这并不符合历史事实。孔子也曾说:"富与贵,人之所欲也;不以其道,得之不处也。贫与贱，人之所恶也。"孔子生性正直，主张"直道而行"。《史记》记载孔子三十多岁时曾问礼于老子，临别时老子赠言曰："聪明深察而近于死者，好议人者也。博辩广大危其身者，发人之恶者也。为人子者毋以有己，为人臣者毋以有己。"这是老子对孔子善意的提醒，也指出了孔子的一些毛病，就是看问题太深刻，讲话太尖锐，伤害了一些有地位的人，会给自己带来很大的危险。

孔子教育思想之二：有教无类

孔子首次提出"有教无类"，认为世界上一切人都享有受教育的权利。在教育实践上他提出了很好的建议：教师在教书育人的过程中应该"诲人不倦""循循善诱""因材施教"。他认为学生应该有好的学习方法如"举一反三""温故而知新"；学习还要结合思考"学而不思则罔，思而不学则殆"。孔子的教育思想，至今仍然有启发和教育的重要意义。另外，孔子提倡"诗教"，即把文学艺术和政治道德结合起来，把文学艺术当作教育人、陶冶人的重要方式。孔子认为，一个"完人"，应该在诗、礼、乐等方面"修身成性"。

孔子教育思想之三：重义轻利

孔子的教育思想中的义利观是"重义轻利"，对后世有较大的影响。孔子所谓"义"，是一种社会道德规范，"利"指人们对物质利益的谋求。在"义""利"两者的关系上，孔子把"义"摆在首要地位。他说："见利思义"。要求人们在物质利益的面前，首先应该考虑怎样符合"义"。他认为"义然后取"，即只有符合"义"，然后才能获取。孔子甚至在《论语·子罕》中主张"罕言利"，即要少说"利"，但并非不要"利"。《左传·成公二年》记载，孔子认为："义以生利"。即先有了"义"，才能生出利。《易传·文言》说："利者，义之和也。"这是把对立的"义"和"利"两者统一了起来。这种思想很符合孔子的主张，《左传·昭公十年》记载晏婴说："义，利之本也。"义是利的根本。这与孔子的主张也是一致的。孔子反对片面追求功利。他认为在"利"的面前,必须时刻以"义"来衡量是否应该取。他说,符合道义然后才去取得,这样人们就不会厌恶他的所得。相反,"放于利而行,多怨",即片面追求个人私利,并以此作为行动的指导思想,就会产生许多的怨恨。因此,孔子不屑于用不义的手段取得富贵。他认为,通过不符合道义的方式获得的富贵,就如同浮云一样。孔子还认为,对待"义"与"利"的态度,可以区别君子与小人。有道德的君子,容易懂得"义"的重要性,而缺乏道德修养的小人,则只知道"利"而不知道"义"。这就是孔子在《论语·里仁》中说的"君子喻于义,小人喻于利"。不过,孔子既然重"义",则势必轻视体力劳动。他对想学农的弟子樊迟十分不满,说他是"小人"。孔子还认为,种田的人就免不了饿肚子,而读书的人就能做官而享受俸禄。

除了上述广为人知的教育思想以外,孔子还强调要少说多做。他说"先把自己要说的话实行了,然后再说出来"。君子"讷于言而敏于行",就是言语迟钝些,行为却要敏捷。衡量和判断一个人,也要"听其言观其行",看其言行是否一致。

在学习态度上,孔子强调要虚心,如"三人行,必有我师"(许多人同行,其中一定能有当我老师的人);"知之为知之,不知为不知,是知也",(学习知识知道的就说知道,不知道的就说不知道,这才是真知道)。孔子严肃认真的治学态度,活到老学到老的刻苦精神,使他成为知识渊博,智慧博大的一代宗师。

孔子实践了自己的观点,确实做到了像自己说的那样,"学而不厌,诲人不倦"(努力学习不厌烦,教导别人不疲倦)。这使孔子几千年来一直成为中国读书人的楷模,治学、做人都向孔子学习,向孔子看齐。孔子成为不可逾越的圣人。

孔子的思想中也有一些不合理的东西。比如孔子相信天命，认为"生死有命，富贵在天"。人的生老病死、贫穷富贵、高低贵贱不由自己决定，而是天意使然。所以孔子学说中天命观念很重。这在两千多年前也是正常的。那时生产力低下，人们对自然界的许多现象认识不清，科学也没有发展起来，对人来说许多自然现象都是个谜，都是非常神秘的。所以人们都普遍认为有个老天爷，暗中主宰、安排着这一切。老天的意志就是天命，是不可抗拒的。今天看来，古人无从解释的现象都是由自然规律决定的，根本没有一个安排自然运行和人类命运的老天爷。但在孔子的那个时代信天命也是情有可原的事，无须苛责。

孔子作为中国历史上伟大的哲学家、教育家、思想家，创立了儒家学派，身体力行地实践自己的学说，为追求理想社会而辗转奔波。他高风亮节，知识渊博，道德人格令人折服不已。他宏大的思想学说，深邃的人生哲理，成为两千多年来中国人的精神源泉，因而孔子被后人称为圣人，被尊为中国的精神领袖受到万世景仰。

老子与《道德经》

孔子是中国历史上的大圣人，他的学识、德行为世人称道，成为人们行为的楷模。但孔子自己却极为钦佩另一个人，这个人就是老子。

老子姓李名耳，楚国苦县人，曾做过周朝管理藏书的史官。据司马迁《史记》中记载，孔子曾特意去请教于老子。老子比孔子年岁大，学问也大得多，听说孔子要来，就套上车，到郊外迎接。两车相遇，孔子慌忙从车上下来，捧着一只大雁，恭敬地送给了老子。这次见面，孔子虚心请

老子

教，向老子学了不少东西。老子也很欣赏孔子，对孔子提出的许多问题，都作了详细的解答。孔子临行时，老子依依不舍地为他送行，并语重心长地说："我听说有钱人送行是送钱；有学问有道德的人是送几句话。我没钱，就冒充一下有学问有道德的人送你几句话吧。"接着，他嘱咐孔子不要把古人的东西看得太死，钻在古人的东西里出不来；还告诫孔子，有极高道德的人都是很朴实的，他应该戒除自己身上的骄气、傲气，戒除自己身上过多的欲望、过大的志向。

孔子细细琢磨老子的话，怀着感激的心情离开了。他向弟子们赞美老子，说："鸟会飞翔，可常被人射下来；鱼会游泳，却总被人钓起来；兽会奔跑，也免不了常落网。只有一种东西，谁也降不住它。它云里来风里

去,想上天就上天,那就是传说中的龙。我没法捉摸老子这个人,也许老子就像龙一样啊!"

孔子求教于老子

老子在周朝为官很长一段时间,后来看见周朝腐败,势力衰微就辞职归隐。他离开宫廷,骑着一头牛,向西北而行。经函谷关(今河南灵宝县西南)时,守关的官吏对老子说:"您要回家隐居,不再出门了,能不能把您的学说写成书留下来?"老子答应了他,于是在函谷关写成了《道德经》一书。然后,老子骑着牛西出函谷关,继续前行,世人再也不知老子的下落。

《道德经》只有5000多个字,可它集老子毕生智慧于其中,充满了哲理,讲透了治国、为人和生活的道理,几千年来为世人传诵,历久弥新。

《道德经》为韵文哲理诗体。《庄子·天下篇》括其旨曰:"以本为精,以物为粗,以有积为不足,澹然独与神明居。……建之以常无有,主之以太一,以濡弱谦下为表,以空虚不毁万物为实。"其说大体从天人合一之立场出发,穷究作为天地万物本源及宇宙最高理则之"道",以之为宗极,而发明修身治政等人道。所谓"人法地,地法天,天法道,道法自然",人道当取法于地,究源及道所本之自然。道之理则,分无、有二面。道常无，无名无形，先于天地鬼神，而为天地万物之始，道常有，生天地万物，具无穷之用。道之理则贯穿于万有，表现为万有皆相对而存，极则必反，终必归，根本之规律。而有之用，常以无为本，"有生于无"。圣人体道之无，法道之自然无为，以之修身，当无欲而静，无心而虚，不自见自是，自伐自矜，为而不持，功成而不居，怀慈尚俭，处实去华，以之治天下，当"处无为之事，行不言之教"，还刀兵，离争斗，不尚贤，不贵难得之货，不见可欲，使民虚心实腹，无知无欲，则无为而治。

《道德经》

这部被誉为"万经之王"的神奇宝典，对中国古老的哲学、科学、政治、宗教等，产生了深刻的影响，它无论对中华民族的性格的铸成，还是对政治的统一与稳定，都起着不可估量的作用。它的世界意义也日渐显著，越来越多的西方学者不遗余力地探求其中的科学奥秘，寻求人类文明的源头，深究古代智慧的底蕴。

老子的智慧中最重要的一点就是看到了世界上任何事物都由两个对立的方面构成，所以人们行为处世也要看到这两方面，不要拘泥于任何一方。用一句哲学话讲，老子较早地认识到了矛盾，具有辩证法思想。老子探讨了许多自然现象和社会现象：有和无、美和丑、难和易、高和下、前和后、损和益、刚和柔、福和祸、荣和辱、智和愚、巧和拙、大和小、生和死、胜和败、攻和守、进和退等等，这些都是一对对的矛盾。老子说，没有丑，就显不出美；没有美，也显不出丑来。知道什么是好，才知道什么是坏;有坏作比较,才能显出好。没有长,显示不出短;没有短,也看不出长。

老子看到这些矛盾的两个方面都不是固定不变的,而是相互转化、变化不定的。他有一句著名的话:"祸兮福之所倚,福兮祸之所伏。"这句话常被人们引用。意思是说,灾祸啊,幸福紧靠在它身边;幸福啊,灾祸埋伏在它里面。灾祸和幸福是对立的,可又是相互转化的,灾祸可以带来幸福,幸福也会成为灾祸的根苗。

塞翁失马的故事典型地印证了老子的智慧。

据说在西北边塞一带,住着一个喜欢骑马的人。有一天,他的马忽然丢了。邻居们替他可惜,他却说:"怎么知道这不会成为一件好事呢?"过了几个月,丢失的那匹马跑了回来,还带回一匹高大的骏马。邻居们都来庆贺道喜,他却说:"怎么知道这不会变成一件坏事呢?"果然,家里有了好马,他的儿子总去骑,一不小心,从马上掉下来,摔断了腿。听到这个不幸的消息,邻居们又跑来安慰。这一次,他却说:"怎么知道这不会成为一件好事呢?"第二年,匈奴大兵入侵,身强力壮的青年人都应征入伍,许多人都战死沙场。而这家人却因为一个年高,一个残疾没去打仗保住了性命。

现代成语"塞翁失马,焉知非福"就是从这里得来的。老子的智慧就在于他能洞见到事物两个方面的转化。

不仅如此,老子还看到事物的变化总是日积月累的,不会是一蹴而就的。比如,他说:"合抱之木,生于毫末;九层之台,起于累土;千里之行,始于足下。"就是说不可能一天长成一棵大树,一筐土垒成一个高台,一抬脚就走行千里。又比如:"天下难事,必作于易。天下大事,必作于细。"他告诫人们做事要由小到大,由易而难。他看到强暴不能维持统治,说"强暴者不得其死"(强暴的人不得好死)。他还告诫掌权者说:"人民不怕死,为什么要用死来恐吓他们呢?"

老子的思想中充满了哲理,他的《道德经》中很多话都被后人当成至理名言。古今中外许多伟大的思想家、政治家都为老子的智慧所折服。《道德经》以自然无为之说,解释了天地万物产生、发展、灭亡的自然规律,并相应地告诉人们如何认识自然、面对自然。《道德经》的思想后来成为中外许多思想流派的基石。

值得一提的是,早在唐朝,玄奘法师就将《道德经》译成梵文,传到印度等国。从16世纪开始,《道德经》就被翻译成了拉丁文、法文、德文、英文、日文等。据统计,到目前为止,可查到的各种外文版的《道德经》典籍已有1000多种。如今几乎每年都有一到两种新的译本问世。据联合国教科文组织统计,被译成外国文字发行量最多的文化名著,除了《圣经》以外就是《道德经》。一代文豪托尔斯泰对老子也十分推崇,有人问他,世界哪些作家和思想家对他影响最深,他回答说,孔子、孟子对他影响很大,而老子对他影响巨大。他对老子的《道德经》很有研究,曾帮助日本著名神学家小西增太郎翻译出版《道德经》,还亲自编选出版了《中国贤人老子语录》,并在书中发表了他的《论老子学说的真髓》一文。书的封面选用了他最欣赏的、具有东方情调的老子骑牛图。德国大哲学家海德格尔也很推崇老子,曾与中国萧师毅合译《道德经》,其晚期思想与老子思想有很多共识之处。20世纪60年代,著名的摇滚乐队将《道德经》四十七章改编成歌曲《The Inner Light》。哈佛知名讲师泰勒用《道德经》诠释"幸福学"。

注重孝道的曾子

曾子，姓曾，名参，字子舆，春秋末年鲁国南武城（今山东嘉祥县）人。生于公元前505年（周敬王十五年，鲁定公五年），卒于公元前435年（周考王五年，鲁悼公三十二年）。曾子出身没落贵族家庭，少年就参加农业劳动，后师从孔子，因勤奋好学，颇得孔子真传。他积极推行儒家主张，传播儒家思想，并在修身养性和躬行孝道上颇有建树，是孔子学说的主要继承人和传播者，在儒家文化中居于承上启下的重要地位。

曾子

曾子在孔子的学生中属于"狂者"，即敢说敢为，不拘小节。鲁国执政大夫季武子死时，曾子曾"依门而歌"。有一次，曾子和子路、冉有、公西华陪孔子坐着。孔子问他们的志向，曾子说："晚春的时候，穿上春天的服装，约上五六个成年人，带上六七个小孩子，在沂水里洗洗澡，到舞台上吹吹风，然后一路唱着歌儿走回来。"描绘出了一个升平祥和的大同世界，孔子微笑赞同。

曾子是在母亲的关爱和父亲的严教下成长起来的。曾子从小就是个勤快的孩子，几岁就开始帮助母亲干家务活。年龄稍长，就跟父亲下农田劳动。十三四岁时就独自到野外打柴。后来又学会了犁地、驾车。曾子禀性孝顺。据记载，有一次，曾子在旷野打柴，有客人到他家。曾子的母亲情急之中掐了一下手臂，曾子立刻感应到疼痛，他认为是母亲病了，疾步赶到家中。感应的事不一定真有，但可说明曾子时刻挂念着父母。曾子年少的时候，家中贫穷，自己又没有固定职业，就靠亲自耕作供养父母。有一次在泰山下干农活，遇到大雨雪，一个月没能回家探望父母，心中非常担忧和思念，创作了《梁山操》这首琴曲。"梁"是"架桥"的意思，寓意是：让琴声架起桥梁去慰问父母。又有一次，曾子出发到郑国去，来到一个地方，听说那里的地名叫"胜母里"，他认为那个名字对母亲不敬，就非常厌恶，便调转车绕道而行。

曾子在他的少年时期，仁爱、坚毅、诚实的性格就已经形成，父母对他也充满了信心。一次，曾子的父亲派曾子外出做事，过了时间而没有到达。因为当时战乱，人们都怀疑曾子可能被杀了，因而对曾子的父亲说："曾参莫不是死在外边了吧？"曾子的父亲说："他虽然有可能遇害死去，但有我活着，他哪里敢死呢？"意思是说，有父母在家等着，他会千方百计地避免伤害的。据《战国策》记载，曾子住在费国的时候，费国有一个与曾子同名同族的人杀了人。有人告诉曾子的母亲说："曾参杀人了。"曾母说："我儿不杀人。"仍像原来一样织自己的布。过了一会儿，又有人说："曾参杀人了。"曾母还像原来一样织自己的布。又过了一会儿，有一个人告诉曾母说："曾参杀人了。"曾母这才害怕了，丢下织布梭越墙逃走了。虽然曾母最后还是逃走了，但仍可以看出，她还是很相信自己的儿子的。

曾子十七岁那年，他从鲁国南武城出发，经陈国到楚国追上孔子，成为孔子的学生。孔子对曾子的第一印象是"参也鲁"，也就是说曾子比较质朴、憨厚。曾子学习的最大特点是勤学好问。他说："君子要珍惜时间用于学习，有适宜的时间就要学习，对疑难问题不回避，容易的问题也不放过。"他对遇到的事理千方百计地弄明白，他曾说："不会的就学，有疑难就问，想有所作为就要向贤达人看齐，虽然道路多艰险，顺着这个方法走下去，没有行不通的。"曾子每次在孔子身旁，必然提出问题，凡是吉、凶、军、国的礼仪，常规和权变的方法，没有不问个究竟的。《礼记》中有篇《曾子问》，记述曾子一次向孔子请教就达四十多问。曾子在向老师请教问题中摸索出了经验，他说："向老师请教问题要讲究轻重缓急的顺序。对请教的问题没有弄明白，趁着老师有空察言观色再进行请教，假如老师不解答也不要强求。"一次，孔子闲坐着，曾子陪伴着他。孔子说："曾参！现在的帝王国君，有士大夫的主张在中间，很少听到君子的主张了。哎呀！我的治国主张到死也得不到推行了吗？真让人伤心啊！"曾子从座席上站起来说："我冒昧地问一下，治国的主张指的是什么呢？"孔子不回答。曾子惊慌失措，恭敬地提起衣服走下座席，说："学生知道这样做不恭顺。难得老师有空闲，因此冒昧地问您。"孔子还是不回答。曾子害怕了，退后背向墙站在那儿。孔子说："曾参！你能谈谈圣明君主的治国方略吗？"曾子说："不敢认为能谈得上来。难得老师有空闲，所以冒昧地相问。"经过曾子的耐心请教，孔子终于向他讲述了一大篇治国的大道理。

　　曾子通过强化自身修养，道德品质也有了很大提高。孔子评价他说："孝顺父母是道德的开始，敬爱兄长是道德的延续，信用是道德的深化，忠诚是道德的主旨，曾参是符合这四种道德要求的人啊！"曾子十分注重自身道德品质的修养，他把学业与自身修养紧密结合起来。他说："我每天多次自我反省：为别人办事是不是尽心竭力了？和朋友交往是不是做到诚实了？老师传授的学业是不是复习了？"

　　孔子认为曾子能够继承自己的事业，也特别注重传授给他学业。有一天，孔子坐着，曾子陪着他。孔子说："先生有一种最高的关键的道德，用来治理天下，你知道吗？"接着把孝道系统地讲授给他。又有一天，孔子闲坐着，曾子陪他，孔子又把治国的方略传授给他。礼仪是儒家思想的重要内容，孔子也对他进行了耐心的传授。这种多次的单独传授，不能不说是孔子对曾子的特别关照和信任。经过刻苦的学习和实践，曾子对孔子思想的实质有了深刻的理解。有一次,孔子对子贡说:"端木赐,你认为我是学识广博的人吗?"子贡回答说:"是这样的,难道错了吗?"孔子说:"是错了,我的学说贯穿着一个基本思想。"子贡没有说什么。当孔子对曾子说"曾参,我的学说贯穿着一个基本思想"时,曾子坚定地回答:"是!"孔子出去以后,别的学生便问曾子:"老师说的是什么意思呢?"曾子说:"老师的学说,只是忠恕罢了。"

曾子历来以孝著称,他不仅在理论上重视孝道,在行动上更注重实践孝道。曾子行孝主要体现在四个方面:

一是奉养父母。曾子孝事父母,晚上安定床铺,早晨探望慰问,住宿调节冷暖,饭食调和浓淡,尽心尽力地照料父母的衣食住宿。曾子奉养他的父亲曾皙,每餐必有酒肉。将要撤席的时候,必定请示剩下的给谁。如果问:"有剩余吗?"一定回答:"有。"孟子评价说:"像曾子那样,就可以称得上顺从父母意志的奉养了。侍奉父母如果能做到像曾子那样,就可以了。"曾子安身处世,包括出仕做官,都以能否奉养好双亲为出发点。齐国曾聘请曾子,想让他担任卿的官职,他却不去就职,说:"我的父母都年老了,接受人家的俸禄就要担忧人家的事情,我不忍心远离父母去为别人做事。"曾子不仅孝顺自己的亲生父母,对后母也极尽孝道。曾子的后母对待曾子并没有恩情,曾子对她的供养从不减少。

二是尊敬父母。曾子与父母在一起时不敢大声说话,就是呼喊也不曾让犬马听到。曾子做什么事都请示父母,他曾说:"孝子使唤人,不敢过分,行动不敢自己做主。"曾皙喜欢吃羊枣,因而曾子不忍吃羊枣。正像不能随意称呼君主和父亲的名字一样,对父母喜欢吃的东西,自己也不能随便吃。

三是取悦父母。曾子曾说:"孝子奉养父母,要使他们心里快乐,不违背他们的心意。"在这方面有个流传很广的"耘瓜受杖"的故事:曾子在瓜地里除草,失误锄断了瓜根。他的父亲曾皙很生气,举起大棒敲打他的背。曾子向前扑倒在地，许久不省人事。可是他苏醒过来后不仅没有表现出痛苦，反而带着高兴的样子站起来，上前对曾皙说："刚才，我得罪了您老人家，您老人家用力教训我，岂不是让您担忧了？"接着退回到房内，弹琴唱歌，想让曾皙听到，从而知道自己的身体仍然健康。孔子听说这件事，认为曾子做得太过分了，他生气地告诉看门的学生说："曾参来时不要让他进来。"曾子自认为没有过错，派人谒见孔子，孔子说："曾参这样侍奉父亲，不顾身体忍受暴怒，就是死也不躲避。假如自己死去，就把父亲陷于不义，与不孝相比，哪个重要呢？你不是天子的臣民吗？杀害天子的臣民是什么样的罪过呢？"曾子听到这话后说："我犯了大罪过啊！"于是到孔子那里去检讨过错。孔子这番话的意思是说，子女应该以实际行动取悦父母，但不要过火。我们从这个故事中可以看出，曾子虽然做得有些过分，但他确实是真心顺从父母的。

四是思念父母。曾子不仅在父母活着的时候能够尽心孝敬父母，父母死后仍对父母念念不忘。曾子三十一岁时，父亲曾皙去世，曾子料理父亲的丧事，七天没喝一点汤水，把父亲埋葬在南武山下为他父亲出殡的时候，曾子悲痛万分，他攀着丧车拼命哭喊，拉丧车的人不忍心，只得停了下来。他对母亲也同样思念。有一次他吃生鱼，感觉味道很鲜美，因此把它吐了出来，别人问他什么原因，他说："我母亲活着的时候不知道生鱼的味道，现在我却吃了生鱼的美味，所以就把它吐出来了。"从此以后，终生不再吃生鱼。双亲去世以后，曾子每次观看丧礼，都会想起死去的父母，经常泪水浸湿衣襟。可见，曾子怀念父母是发自内心的。

曾子和孔子一样是主张积极参与政治的。他曾说："读书人一定要坚强而有毅力，因为他责任重大而路途遥远。把实现仁德作为自己的责任，不是很重大吗？奋斗到死才罢休，不是很遥远吗？"他还说："可以把幼小的君主托付给他，可以把一个国家的命运委托给他，面临生死存亡的关头却不动摇屈服。这样的人难道不是君子吗？是君子啊！"孔子之后,曾子勇敢地担负起推行仁德的重任。曾子推行德政,首先选择的是入仕为官。为父亲守孝三年结束后,曾子便出游齐国,宣传自己的政治主张。齐国没有接纳他,他又回到鲁国。在齐国时他曾拜见晏子。他问晏子:"古时候曾经有过对上不劝谏国君,对下不顾及百姓,退居深山之中,而成为施行道义的人吗?"晏子回答说:"审视这些人并没有什么才能,却托言于不想劝谏国君,我说这是荒诞的想法。国君昏庸,德政不能实行,奸佞相互勾结,贤能的人得不到任用,那些普通做官的人又不去改变他们的行为,而是跟随奸佞以求进身,所以有的人士隐居,有的人士不隐居。那些能够按礼法行事的人,就是施行道义的人。只是评论君主是非的做法,是不可取的。对上不劝谏国君,对下不顾及百姓,退身隐居深山,我晏婴不知道他怎样成为施行道义的人。"曾子回国的时候,晏子给他送行,说:"君子用华丽的车子赠人,不如用言语赠人。请问允许我赠送您言语还是车子呢?"曾子说:"请赠以言语。"晏子说:"就像这车轮,本是山中的直树,优秀的木匠烘烤使它弯曲,它的圆度完全符合圆规,即使再烘烤曝晒也不会变直了。所以君子要小心看不见的烘烤揉曲。我听说,违背伦理常规会改变人的本质,习惯风俗会改变人的性情,不可不谨慎啊!"

从齐国回国不久,曾子又到达楚国。楚惠王热情接待了他,让他做了高官,曾子决心趁机大干一番,实现自己的抱负。不久曾子便发现,自己与楚国君臣往往意见不合,自己的抱负难以实现,不到一年便辞职回到鲁国。日后曾子回顾这段经历时说:"父母去世以后,我出游到南方的楚国,得了高官,供乘坐的车子有百辆,但还是面向北方哭泣,不是因为贫贱,而是因为再也不能孝顺父母了。"曾子所伤心的,不全是思念父母,大概也与做官不如意有关吧。

孔子说:"把自己的主张应用于政治,也就是参与了政治,何必一定要做官才算参与政治呢?"曾子不再寻求做官以后,仍利用一切机会宣传德政的好处,宣传孝治和德治思想。同时,特别注意用儒家道德、君子形象来感化影响社会。

　　曾子坚持仁爱。有一天,曾子和客人站在门旁,他的一位学生快步走出门去。曾子说:"你要到哪里去?"那位学生回答说:"我父亲死了,要到里巷里去哭。"曾子说:"你回来,就在你住的地方哭吧。"曾子又脸朝北向他父亲吊丧。按常礼要求自己的父母死了,是不能在别人家哭的,当时曾子办学是在自己家中,让学生在自己家中哭父亲,这充分显示了曾子对学生的怜爱和同情。

　　曾子坚持道义。曾子穿着破旧的衣服从事农业劳动,鲁国国君派人去赠送给他采邑,对他说:"请用采邑的收入置办一下衣服。"曾子不接受,再次前往,还是不接受。国君派去的人说:"不是先生您向人乞求的,而是人家奉送给您的,为什么不接受呢?"曾子说:"我听说,接受别人赠送的人往往害怕赠予他的人,赠送的人往往对接受的人表现出骄纵,即使国君赠给我采邑而对我不骄纵,我怎能不害怕呢?"最终也没有接受。

曾子杀猪

　　曾子坚持诚信。曾子的妻子去赶集,她的儿子哭闹着要跟着去。她哄儿子说："你回家去，等我回来给你杀猪吃。"妻子刚从集市回来，曾子就要捉猪准备杀掉。妻子制止说："那只是哄骗小孩子的。"曾子说："对小孩子是不能哄骗的。小孩子没有识别能力，跟随父母学习，听从父母的教诲。现在你欺骗儿子，就是教儿子欺骗。母亲欺骗儿子，儿子就不相信他的母亲，就无法进行诚实教育了。"于是就把猪杀掉烧肉吃了。

曾子安贫乐道，不为名利所动。曾子在卫国的时候，穿着以乱麻为絮的袍子，面色浮肿，手上和脚上都有老茧，常连续三天不生火做饭，十年不做一件衣服，戴正帽子却没有帽带，抓住衣襟就露出了胳臂，穿上鞋了就裂开了脚后跟。他还拖着散乱的发带唱《商颂》，声音充塞天地之间，像敲响的钟磬。天子得不到他做臣下，诸侯得不到他做朋友。

曾子一生从事的主要事业是讲学，据说曾子最迟在二十三四岁就开始设教讲学。起初曾子设教于自己家中，后来学生增多，就搬入大户沈犹家。三十九岁时，离开武城进入越国讲学。现郯城县西北六十里有磨山，相传曾子曾在那里授徒。当时原国故地已归属越国。曾子到故地追念先祖，凭吊故国，实践了自己"慎终追远"的主张。不久曾子离开越国到自己曾经担任过官吏的齐国莒地，在那里设教讲学。

曾子四十岁时来到卫国，一待就是十多年。曾子在卫国不仅教学，还发表了一系列言论，并且继续加强修养，坚守道义。他曾说："晋国和楚国的财富我赶不上。但是，他有他的财富，我有我的仁德；他有他的爵位，我有我的道义，我有什么感到不满足的呢？"曾子与子夏经常交换意见。有一次，子夏去拜访曾子。曾子说："请在这儿吃饭。"子夏说："不是让您破费了吗？"曾子说："君子有三种浪费，吃饭不包括在内。君子有三种快乐，钟磬琴瑟的乐声不包括在内。"子夏说："冒昧地问，什么是三乐？"曾子说："有父母可以敬服，有明君可以奉事，有儿子可以遗传后世，这是第一种快乐。父母有过错能接受劝谏，君主昏庸自己能够离去，儿子有错能听从谴责，这是第二种快乐。有君主能相互了解，有朋友能相互帮助，这是第三种快乐。"

子夏说："再冒昧地问，什么是三费呢？"曾子说："少年学到的知识，长大后却忘记了，这是第一种浪费。奉事君主有功劳却轻易地背弃他，这是第二种浪费。长期交往的朋友却中途断绝了关系，这是第三种浪费。"子夏说："说得好啊！谨慎自身奉行一句话，胜过一生背诵它；谨慎自身奉事一位德才兼备的人，胜过治理万民的功业。"

曾子教授学生的一个重要特点，就是原原本本地传授孔子的教导。例如，一次，曾子对他的学生子襄讲什么是勇敢，就直接引用孔子的话。他说："你喜欢勇敢吗？我曾听孔子说过什么是最大的勇敢：自我反省，正义不在自己一方，即使对方是普通百姓，我也不恐吓他们；自我反省，正义在自己一方，即使对方有千军万马，我也勇往直前。"

曾子教授学生的另一个特点，就是注意教学相长。《说苑·反质》记载着这样一件事：公明宣跟着曾子上学，三年不曾读书。曾子说："你当我的学生，三年不学习，为什么呢？"公明宣说："哪里敢不学习呢？我见先生在房内，若父母在，呼喊的声音不曾让狗、马听到，我喜欢这一点，学习了但还没做到。我见先生接待宾客，恭敬节俭却不松懈怠慢，我喜欢这一点，学习了但还没有做到。我见先生在庭院，严格对待下人却不诋毁伤害他们，我喜欢这一点，学习了但还没做到。我喜欢这三点，向您学习了但还没做到，我怎敢做您的学生，而不学习呢？"曾子离开坐席道歉说："我不如你。你是在学习啊！"

曾子教授学生还有一个特点，就是抓住一切机会对学生进行思想和道德教育。曾子的学生有人将要到晋国去，对曾子说："晋国没有我熟悉的人。"曾子说："为什么要有熟悉的人呢？去吧。有熟悉的人称他为朋友，没有熟悉的人就去做他的客人。君子坚持仁爱，成就德行，先做后说，千里之外都是兄弟。假如你不知道加强学习修养，那么就是你的亲人，有谁愿意亲近你呢？"学生出发前，曾子也要进行一番加强道德修养的教育。孟孙氏任命阳肤做法官，阳肤向曾子请教。曾子说："在上位的人不按正道行事，民心离散已经很久了。如果了解了罪犯的真实情况，就应该怜悯他而不应该居功自喜。"曾子又抓住阳肤去做法官的机会，对他进行了一番爱民的教育。

由于曾子教育得法，教育成果显著，在他三十多岁时就有学生七十多人，最终有多少学生已无从统计。在他教的学生中有成就者不乏其人。最著名的有子思、乐正子春、公明仪、吴起等人。子思是孔子的孙子。孔子临终前把子思托付给曾子，子思跟随曾子学习，颇得曾子真传，成为战国初期著名的思想家、哲学家，是思孟学派的创始人。他先在鲁国收徒授业，中年一度居住卫国，后又到宋国，晚年返鲁，受到鲁穆公礼遇，著有《子思子》23篇。

曾子一生忠于孔子思想，直到晚年仍为推行和实践孔子思想作着不懈的努力，做出了老年著书、病中教徒（子）、守礼至终三件有影响的事，实践了自己"死而后已"的诺言。

一是老年著书。《颜氏家训》说："曾子七十乃学，名闻天下。"这里的"学"，应该是研究学问、著书立说的意思。曾子晚年考虑到靠什么传播孔子思想的问题，于是他组织学生在他的指导下开始编写书籍。他们首先把孔子及其弟子的言行辑录起来，最后以子思为主编辑成《论语》。同时曾子认为自己也应有书，于是在乐正子春等学生协助下开始编写《曾子》一书，最后由乐正子春等定稿。他们还一起编写了《孝经》《大学》《主言》等书和篇章。由于曾子的去世，这些书大多由他的学生完成。

二是病中教徒（子）。曾子在重病中，仍念念不忘教育学生，教育儿子。曾子有病的时候，他的学生孟敬子去看望他。曾子对他说："在上位的人应该重视的礼貌有三个方面：严肃自己的容貌，就可以避免别人的粗暴轻慢；端正自己的表情，就接近于诚实守信；说话注意用词和口气，就可以避免粗野和背理。至于祭祀和礼仪方面的事情，自有主管的官吏在那里。"孟敬子是大夫，曾子就按在上位的人要求他，对于一般的君子应该怎么办呢？曾子有病的时候,他的学生孟仪去问候他。曾子说:"鸟将要死的时候,必定有悲哀的叫声;君子到死亡的时候,必定有和顺的话。礼仪有三条准则,你知道吗?"孟仪回答:"不知道。"曾子说:"坐下,我告诉你。君子遵循礼仪用来树立志向,那么思想上就不会出现贪欲;君子思考礼仪用来成就品德,那么怠惰轻慢的情况就不会发生;君子遵循礼仪用于仁义,那么忿争暴乱的言词就会远离。至于说到办理具体的礼仪事务,这是主管官吏的职责。君子即使不能够做到,也是可以的。"对以上两个人曾子都是讲的礼的问题,对正在上学的学生曾子教导他们坚守孝道。

三是守礼至终。曾子终生按礼制去做,直到生命的最后一刻:曾子卧病在床,病情很重。他的学生乐正子春坐在床下,他的儿子曾元、曾申坐在脚旁。有一位童子拿着蜡烛靠边坐着。童子说:"真华丽明亮啊!这是大夫用的席子吧?"子春说:"别作声!"曾子听到了,现出惊讶的样子,嘘声道:"呼!"童子又说:"真华丽明亮啊!是大夫用的席子吧?"曾子说:"是的。这是大夫季孙氏送的。我不能换掉它了。元儿,你过来换掉这席子!"曾元说:"您老人家的病已经很危急了,不能再挪动。希望到了天亮,再让换掉它吧。"曾子说:"你爱我还不如那个童子。君子爱人是要成全别人的美德,小人爱人是无原则地宽容。我还有什么要求呢?我能够合乎规矩地死去,也就够了。"于是抬起曾子换掉席子,再放回去时,还未放妥,曾子就去世了。

曾子上承孔子之道,下启思孟学派,对孔子的儒学学派思想既有继承又有发展,被后世儒家尊称为"宗圣"。他的修齐治平的政治观,省身、慎独的修养观,以孝为本的孝道观影响中国两千多年,至今仍具有极其宝贵的社会意义。

亚圣孟子

孔子被后世尊称为圣人。他的继承人中最为突出的是孟子。孟子继承了孔子的思想并使之进一步发扬,被视为正宗嫡传。在我国古代儒家的诸多思想家中,除孔子外,对中国文化影响最深,人们研究得最多的,恐怕就要算孟子了。所以孔子和孟子的思想和学说放在一起被称为"孔孟之道"。

孟子

孟子名轲,邹邑(今山东邹县东南)人,是鲁国贵族的后代。他少年丧父家贫,深得母亲的教诲,"孟母三迁""断机教子"的故事广为流传。

孟子小时很贪玩,常和邻居孩子一起逃学,不是到坟地学埋死人玩,就是去铁匠铺学打铁玩。孟母望子成龙,怕这样下去会对孩子产生不良影响,就先后三次搬家,最后搬到孔子的学生办的一个学堂附近住下来。可是小孟轲还是不明事理,有一天又逃学了,孟母很伤心。她把孟子领到织机旁,拿起剪子,"哗"地剪断织机上的布。孟子愣住了,不知母亲为什么这样做。孟母厉声说:"你贪玩不读书,就如同剪断的布一样。织不成布,就没有衣服穿;不好好读书学礼,就不会成为圣贤之人。"从此孟子专心致志地求学于孔子的门人,学习诗书、礼仪各门功课。

孟母三迁

　　孟母不仅对孟子严加管教,而且还注意身教。有一次,东家杀猪,孟子问他母亲:"东家杀猪干什么?"他母亲开玩笑说:"想给你吃。"话一出口孟母就后悔起来。孟母心想:我怀孕时就很注重胎教,而今他懂事了我又去骗他玩,这是教他不讲信义。于是不顾家贫,到东家买回肉来给孟子吃,以教他说话要守信用。孟母的教诲对孟子一生来说,受益匪浅。

买肉教子

　　经过青少年时期的饱学和钻研,孟子渐渐成为当时颇有影响的人物。他志存高远,心胸广大,自认为可以运用所学的知识治国安邦,平治天下。"当今之世,舍我其谁?"于是他像孔子那样,开始周游列国,试图用自己的思想影响各国君王，实行"仁政"。他先后到过齐、梁、宋、滕、魏、楚等国，在外游历三十多年，其中较为有影响的活动是在齐国。

孟子曾谏齐威王施展其"仁政"思想，但他不受齐威王重用，既无"官守"，又无"言责"，孟子感到受了冷落，以至齐王赠金他也拒不接受。他认为自己在齐国没有什么官职，因而没有理由接受馈赠，否则就等于接受贿赂，而君子是不能被金钱收买的。孟子这一态度打动了齐威王，拜孟子为客卿之职。

齐威王死后，齐宣王即位，在齐国首都成立了稷下学宫。这里云集了一大批饱学之士，宣王赠以高位，享受厚禄。孟子因为学高名显并且经常与宣王大谈"仁政"主张，而被宣王授予"卿"之职。他认为，诸侯有三宝：土地、人民、政事。现在齐国已具备两宝：土地之大，人民之众，已无以复加了。只要在政事上"行仁政而王"，则天下"莫之能御也"。要施仁政，齐王就必须成为贤明的君主。他曾多次在齐宣王面前严厉批评王公大臣和"无德之君"，每每让宣王下不来台。后来燕国发生禅让事件，燕国内乱，齐国趁机进兵兼并了燕国。孟子力劝宣王从燕国撤兵，宣王不从，君臣矛盾加深，孟子称病不朝。尔后，燕人叛齐，齐国不得不撤兵，这时齐王才感到后悔。而孟子也看到了自己耗费大半生的心血所主张的"仁政"思想不会有什么结果，就决定辞官归隐。宣王留他不住，孟子怅然归隐故乡。

晚年的孟子不再出游，一边从事教学，一边著书。他以"得天下英才而教育之"为最大乐趣。他门下学生众多，最著名的有公孙丑、万章、乐正子等，均曾闻名于世。

孟子虽然在政治上没有大的作为，但在思想上影响很大。他是心性之学的开山祖师，后世的宋明理学、新儒学都归宗于孟子，所以人称"亚圣"。他的人性论、伦理思想、仁政学说、雄辩之术对后世影响深远。

孟子讲过许多话至今犹被人们当做至理名言而广泛引用。比如，他说"富贵不能淫，贫贱不能移，威武不能屈，此之谓大丈夫"，要求人们进行自我修养,经常磨炼自己。

孟子还认为"天下万物皆备于我"。意思是说"天下万事万物的道理,在我心里都具备了"。人生在世就是要"尽心""知性",这样也就知道世上的大道理了。

孟子的思想丰富而又有寓意。他讲事说理,善用比喻,深入浅出。他的思想和经历详细地记叙在他的著作《孟子》一书之中。南宋时朱熹将《孟子》与《论语》《中庸》合在一起称"四书"。《孟子》是四书中篇幅最大、部头最重的一本,有三万五千多字,从此直到清末,"四书"一直是科举必考内容。

孟子的思想是复杂的,其思想主要以唯物主义的成分居多:《孟子》书中所反映出来的关于认识论的见解,包含着许多朴素的唯物主义思想。在《孟子》中有云:"天将降大任于是人也,必先苦其心志,劳其筋骨,饿其体肤,空乏其身,行拂乱其所为,所以动心忍性,曾益其所不能……"指出有许多知能必须经历困难,经过挫折、失败,不断吸取教训,得到锻炼,然后才能得之。

孟子明确地看到,一切事物发展和变化有其自己的一定的进程。他在书中讲了一个故事作为比喻:"宁人有闵其苗之不长而揠之者,芒芒然归,谓其人曰:'今日病矣! 予助苗长矣!'其子趋而往视之,苗则槁矣。天下之不助苗长者寡矣! 以为无益而舍之者不耘苗者也。助之长者揠苗者也,非徒无益,而又害之。"以此来说明客观世界有其自身发展变化的规律,是人类所不能违反的。

孟子继承和发展了孔子教育方法中的"因材施教"。肯定在进行教育时,必须采取因人而异的多种方法。而且,对孔子的"因材施教"有了发展。认为教育学生必须要有一定的标准,使学生有一个明确的奋斗目标。孟子所倡导的学习方法和教育方法是我国古代教育学的结晶,对我们今天的学习和教育仍然有着一定的参考价值。

"平民哲学家"——墨子

诸子百家中影响最大的首推儒家,而当时在思想上能与儒家针锋相对来抗衡的就只有墨家了。

墨家学派的创始人是墨子,他是孔子逝世后影响最大的思想家之一。

墨子早年也是儒学的门徒,但他在学习中看到了儒家的观点有些脱离实际,不关心百姓的现实生活,于是墨子抛弃了儒家的思想,自立门户,创立墨家学派。

墨家学派与众不同。虽然墨子也像孔子那样,招收弟子,讲学著书,但在根本上是有差别的。墨家的特点是注重实际。墨子本人是平民出身,他深知平民百姓最关心什么,最需要什么。他

墨子

和他的门人在穿着打扮上也与平民无异。他们不像儒家弟子穿长袍,衣冠楚楚,而是穿着粗布短衣和草鞋。墨家弟子经常参加劳动,亲手制造一些对平民百姓有用的东西。据说,墨子本人就曾经当过工匠,造过守城的器械。正因为这样,后人也称墨子为"平民哲学家"。

墨翟很小的时候就接受了儒家的教育,老师教他六艺:礼、乐、射、御、书、数,而墨翟对后四项尤其感兴趣。因为这几项能够促进人的动手能力。墨翟的老师也很着重培养墨翟这方面的能力,他经常带墨翟去参

观工匠们的作坊。有一次他带墨翟去了染布坊,让墨翟观察布匹是怎样染成的。墨翟对工匠们的劳作很感兴趣,当他看得聚精会神时,老师说:

"看到了吧,这些丝绢本来都是雪白雪白的,把它们放进黑色的染料中,就变成了黑的;把它们放在了黄色的染料中,就变成了黄色的。"

墨翟说:"丝会随着染料的颜色而变化,是这样的吗?"

老师说:"是啊,做人的道理和染丝一模一样,所不同的是,丝是被人放进染缸的,如何做人则完全是自己作出的选择。"

墨翟明白了老师的意思,就更加严格要求自己了。当他自己成为思想家收了门徒后,他也经常用这个例子来教导自己的学生。

墨家不同于儒家的很重要的一点,是墨家学派不单纯是一个学术团体,而且是一个很有组织的社会政治团体。这个团体组织严密,纪律严格。每一个成员都必须绝对服从首领的号令。墨家学派的首领叫"矩子",墨子作为创始人是第一代矩子。矩子权力很大,他指挥弟子,弟子们必须绝对服从,甚至赴汤蹈火,在所不辞。据记载,墨子有180个弟子,墨子派他们到各处去执行命令。有的弟子奉命去做官,当官也要按墨家的主张去做,否则

墨家学派

就会被撤回。他们不管谁赚了钱,都要贡献给团体,大家共享之余,墨子还要拿出一部分钱分给穷人。所以,墨家学派培养的是一种自我牺牲精神,用严格的纪律来约束每一个成员。这在其他学派中是从没有过的。

墨子讲求实际,以"兴天下之利,除天下之害"为己任,率领弟子为实

现这一目标而奋斗着。当时诸侯国之间的战争连绵不断。为了争夺城池、领地，掠劫财富，争当霸主，战争频繁爆发。墨子认为，战争是天下之大害。因为一打仗，百姓就遭殃。无论是春耕大忙季节，还是秋收之时，战争都迫使百姓离开家乡，走上战场。土地荒芜了，庄稼烂在地里都不许过问。每年不计其数的百姓饿死、冻死，战死沙场的就更是数也数不清楚。

墨子为了制止战争，四处奔波，扶弱拉强。其中最成功的一件事就是"止楚攻宋"。

当时，楚国的楚惠王一心想称霸天下。他打算拿宋国开刀，先攻下宋国，而后再攻打别国。他一方面扩军备战，一方面请来当时著名工匠公输般(也就是鲁班)。公输般替楚王设计了一种名叫"云梯"的攻城器械，登着它就可以攻打到高高的城墙上去。墨子闻讯后，自己急急忙忙从鲁国赶来，想制止战争。同时又派自己的弟子禽滑厘等带三百多人去帮助宋国守城。

墨子对楚王说："楚国方圆五千里，地大物博；宋国土地不过五百里，物产也不丰富，楚国为什么要扔了自己的锦衣长袍，而去偷别人的一件破袄呢？"

楚王觉得墨子说的有道理，可是还不愿意放弃原先的打算。公输般站在一旁也扬扬自得，觉得用云梯攻城必然万无一失，一定会马到成功。墨子看出他们二人的心思，就说："楚国即使有云梯也不能取胜，你能攻，我能守。"说着解下腰带，围在地上当城墙，又拿木片当守城工具，当着楚王的面，同公输般较量攻城和守城的本领。结果公输般输了，便气愤地说："我有对付你的法子，我不说。"墨子说："我也知道你对付我的法子，我也不说。"楚王问是怎么回事。墨子说："公输般的意思是让你杀了我。他认为杀了我，宋国就守不住，楚国就可以进兵攻打宋国了。其实我的学生禽滑厘等三百多人已拿了我的守城器械赶到了宋国,在城头上等着楚军去送死呢。就是真的杀了我,你们也休想取胜。"

楚王听了墨子的话,又亲眼看到他守城的高超本领,知道自己攻打宋国也不能获胜,就放弃了攻打宋国的念头。

止楚攻宋

墨子不仅反对战争,主张"兼爱""非攻",也反对孔子的"天命",主张"非命"。他认为,王公大臣的兴衰,国家的治与乱,百姓的饥寒饱暖、贫穷富贵都是由人的努力与否决定的,不在于什么天命。

墨子说,夏桀搞乱了天下,商汤接过来,把它治理好了;商纣搞乱了天下,周武王接过来,又把它治理好了。社会还是那个社会,百姓还是一样的百姓,可在桀、纣统治下天下就大乱,在汤、武统治下,却天下太平,这难道是"命"吗?墨子说,这明明是桀、纣暴虐无道,汤、武贤明会治国安邦。还有,农夫之所以早出晚归,精心照料,多打粮食,妇女之所以早起晚睡,纺纱织布,不敢怠慢,就是因为他们相信,通过艰苦的劳动,就可以创造财富,过上衣食暖饱的生活。如果相信天命,以为可以靠天吃饭,就不会好好种田干活,其结果就会挨饿受冻,过穷苦日子。他大声疾呼,不要相信天命,不要受天命愚弄。"现在天下的君子,如果真心要天下富足而厌恶贫苦,要天下大治而厌恶混乱,对主张有天命的那种说法,就一定要坚决反对,因为这是天下的大祸害呀!"

墨子还反对铺张浪费,主张"节用"。他常说:"只要吃得饱,身体强壮,穿着合适,不受热,不挨冻就行了。"讲究吃山珍海味,穿华丽衣服,对人并没有什么特别的好处。他还针对王公贵族死后埋葬讲排场,比阔气的现象,提出"节葬,短丧"的主张。墨子生活的那个时代,王公贵族强迫百姓为他们修建巨大规模的坟墓,人死后将棺材装进很大的木箱(木椁)里,再捆上三层牛皮。死人要穿华丽的服饰,一起埋葬许多金银财宝、用具等等。最惨无人道的是活人为死人殉葬,最多甚至要杀死数百人。而且要人守孝三年,三年内不许干别的事情。这种风气浸染整个社会,有的平民百姓也大办丧事,结果弄得倾家荡产,没人干活。墨子反对这种做法。他说,人死了,有三寸木板做棺材,有衣服穿,不赤身露体就够了;至于坟墓,能掩埋住棺材,止住尸体的臭味就行了,何必挖得很深,堆得像小山那么高呢? 把大量的有用财物埋在地下,又禁止活人去干活创造财富,这是巨大的浪费。因此,葬人用的东西越省越好,服丧的时间越短越好。

作为一个务实的思想家,墨子与其他诸子最大的不同之处,就在于他关注实际,关心平民百姓。不仅如此,墨子还是一个科学家。他在数学、物理学、医学、逻辑学等方面都有杰出的贡献,在中国古代科学史上占有重要的地位。墨子去世后,他的学派持续存在了一段时间。及至后来儒家思想一统天下的时候,世人就再也听不到墨子的主张了。一千多年以后,人们又重新发现墨子,同时也发现墨子所批判的许多问题仍然没有得到解决。

关于墨子的著作有《墨子》一书。这本书是墨子的弟子及其再传弟子对墨子言行的记录。

墨子及墨家学派的著作汇编，在西汉时刘向整理成七十一篇，但六朝以后逐渐流失，现在所传的《道藏》本共五十三篇，原来都写墨翟著，但其中也有墨子弟子以及后期墨家的著述资料，这是现在研究墨家学派的主要史籍。按内容，《墨子》一书可分五组：从《亲士》到《三辩》七篇为墨子早期著作，其中前三篇掺杂有儒家的理论，应当是墨子早年"习儒者之业，受孔子之术"的痕迹；后四篇主要是尚贤、尚同、天志、节用、非乐等理论。从《尚贤上》到《非儒下》二十四篇为一组，系统地反映出墨子"兼爱""非攻""尚贤""尚同""节用""节葬""非乐""天志""明鬼""非命"十大命题，是《墨子》一书的主体部分，《经》上、下，《经说》上、下及《大取》、《小取》六篇，专说名辩和物理、光学等内容，前人因其称"经"，定为墨翟自著，实际是后期墨家作品，这是研究墨家逻辑思想和科学技术成就的珍贵资料。《耕柱》至《公输》五篇是墨子言行记录，体例与《论语》相近，是墨子弟子们辑录的，也是研究墨子事迹的第一手资料。《备城门》以下到末二十篇（含已佚九篇），专讲守城技巧与城防制度，其制度与秦相近，是战国时期秦国墨者所作，这是研究墨家军事学术的重要资料。

洒脱的庄子

庄周就是庄子,他生活在战国时代。那个时代战争频繁,烽火连天,诸侯之间的兼并战争持续了二百三十多年。各国诸侯为了赢得战争,广罗人才,积极推进社会改革,人们思想活跃,许多有识之士著书立说,传播自己的学说,成家成派,出现了中国历史上著名的"百家争鸣"的盛况。"百家争鸣"促进了思想的解放,造就了一大批思想家。在中国历史上,那个时代真是群星璀璨。

庄子是这璀璨群星中最耀眼的一颗。

庄子是我国先秦(战国)时期伟大的思想家、哲学家和文学家。庄子原系楚国公族,楚庄王后裔,后因乱迁至宋国(今河南商丘),是道家学说的主要创始人。庄子追求自由,一生清苦而又超世脱俗,游戏人生。他与道家始祖老子并称为"老庄",他们的哲学思想体系,被学术界尊为"老庄哲学",但是庄子的文采更胜老子,他的代表作《庄子》并被尊崇者演绎出多种版本,名篇有《逍遥游》《齐物论》等。庄子主张"天人合一"和"清静无为"。他的学说涵盖着当时社会生活的方方面面,但根本精神还是皈依于老子的哲学。庄子曾做过漆园吏,生活贫穷困顿,却鄙弃荣华富贵、权势名利,力图在乱世保持独立的人格,追求逍遥无恃的精神自由。

庄周一生著书十余万言,书名《庄子》。这部文献的出现,标志着当时中国的哲学思想和文学语言,已经发展到非常玄远、高深的水平,是中国古代典籍中的瑰宝。因此,庄子不但是中国哲学史上一位著名的思想家,同时也是中国文学史上一位杰出的文学家。无论在哲学思想方面,还是文学语言方面，他都给予了中国历代的思想家和文学家以深刻的、巨大的影响，在中国思想史、文学史上都有极重要的地位。

　　庄子的文章结构很奇特，看起来并不严密，常常突兀而来，行所欲行，止所欲止，汪洋恣肆，变化无端，有时似乎不相关，任意跌宕起落，但思想却能一线贯穿；句式也富于变化，或顺或倒，或长或短，更加之词汇丰富，描写细致，又常常不规则地押韵，显得极富表现力，极有独创性；庄子文字的汪洋恣肆，意象的雄浑飞越，想象的奇特丰富，情致的滋润旷达，给人以超凡脱俗与崇高美妙的感受，在中国的文学史上独树一帜，他的文章体制已脱离语录体形式，标志着先秦散文已经发展到成熟的阶段，可以说，《庄子》代表了先秦散文的最高成就。

庄子

　　庄子的学问博大精深，他继承老子的思想并使之发扬光大，可谓集道家之大成。他的哲理，对自然与人生的思考有许多宝贵的启示。他的著作以讲故事的形式，寓理其中，教化世人。

　　庄子本人睿智、幽默、正直、洒脱，他当时名声很大，交游也很广，可以入朝做官，也可以投靠权贵门下。这样就能出门有车坐，吃饭有鱼肉。但他不愿与贪官暴君同流合污。不做官，他也可以去讲学谋生，他的盖世才华为世人公认，可是庄子看到那些学者整日摇舌鼓唇争论"卵有毛，鸡三足"之类的事情，觉得实在无聊，所以也没有去。这使他保持了人格的高洁，却也使他生活窘困，常常食不果腹，衣不蔽体，但庄子仍然泰然处之，从容自若。

　　庄子为了填饱肚子，曾垂钓于濮水，也曾与弟子同行山中，砍樵换米,但仍不免挨饿,只好借贷。有一次,他找监河侯借贷,监河侯说:"等我收了租,借你三百金,行吗?"庄子气愤地说:"我昨天来的路上,听见喊声,一看是车辙里的一条鲋(fù)鱼在叫。它说,它快干死了,让我弄斗升之水救它。我说:'好了,我就去游说吴越两国国王,引两江水来救你,行吗?'鲋鱼气极了,说:'我离开了水,孤零零地躺在这,要是能得到一升半斗水也就活命了,照你那样说,还是早点去干鱼市上找我吧!'"

庄子虽告贷无门,却仍能机智地痛斥监河侯,不丧失自己的人格,这是极其难能可贵的。

庄子对自己穷困潦倒的原因是清楚的。一次他穿着打补丁的粗布衣衫,脚上穿麻绳绑着的草鞋去见魏王。魏王说:"先生你太懒散了。"庄子说:"是贫穷,不是懒散。懒散是有而做不到。我破衣破鞋是因为贫穷,不是懒散。这是生不逢时呀!"因为庄子不肯攀附权贵,所以潦倒至此。

庄子的人生态度是豁达、乐观、洒脱的。庄子的妻子死了,朋友去吊唁,看见庄子两脚伸直坐在地上,敲着盆放声高歌。朋友说:"和妻子生活一辈子,又养儿育女,人死不哭就够不合理了,你却放声高歌,是不是有些太过分了?"庄子说:"不是这样。她刚死那时,我怎么能没有感慨呢?但一想到她最初未有性命,非但没有性命,连形体也没有,非但没有形体,连气也没有。混杂在恍惚之间,渐渐地有了气,有了形体,有了性命。而今又变回去死掉了,这种生死变化只不过与四季变化一样是自然进行的。人安息在天地之间了,我却要哭哭啼啼,我认为那是不懂大道理,所以就不再哭泣。"

楚威王曾派人带着千金聘他做宰相,被他拒绝了。庄子嘲笑地对楚国的使者说:"千两黄金确是很重的聘礼,宰相也是尊贵的位子,但这好比祭祀用的牛一样,养了很多年,还给它披上漂亮的衣裳,送到太庙当祭品。到那时虽然想在野地里孤零零地啃野草,也不可能了。你们快走吧,不要玷污了我!我宁愿像一条泥鳅,在污泥中自得其乐,绝不为帝王们所束缚。我愿意终生不做官,只图个精神愉快。"由此可见,庄子的确做到了"贫贱不能移",终生不改其趣。

庄子认为人活在世上,到处充满危险。对于君主的残暴,庄子是非常清楚的,所以庄子不愿去做官,因为他认为伴君如伴虎,只能"顺"。"汝不知夫养虎者乎!不敢以生物与之,为其杀之之怒也;不敢以全物与之,为其决之之怒;时其饥饱,达其怒心。虎之与人异类而媚养己者,顺也;故其杀者,逆也。"还要防止马屁拍到马脚上,"夫爱马者,以筐盛矢,以蜄盛溺。适有蚊虻仆缘,而拊之不时,则缺衔毁首碎胸。"伴君之难,可见一斑。庄子认为人生应是追求自由。

庄子看到的人世好比一只巨大的樊笼,只要你生活于其中,就别想逃出去。做人不易,活好更难。有一次他游于山中,看见几个伐木人,围着一棵枝繁叶茂的大树,却不去伐。庄子有些奇怪,一问才知道,这棵树木质不好,不能用。庄子感慨地说:"这棵树因为不成材,没用场,才没被砍倒,活到今天。做人处世也要像这棵树才好。"走出山里,庄

庄周梦蝶

子到一个朋友家过夜。主人让儿子杀雁待客。儿子问:"一只雁会叫,一只不会叫,杀哪只呀?"主人回答:"杀不会叫的吧!"后来,庄子的学生问老师:"山中的大树不成材活了那么久;主人的雁不会叫却送了性命,到底该怎样做人呢?"庄子笑着说:"那就处在有用和无用之间吧!"只有这样,人才能自在地生存。

庄子毕生追求自由的人生、理想的人生。他做过一个美丽的梦,在梦中,庄子变成了一只蝴蝶,而且是一只生动活泼的蝴蝶。它活跃在一个自由美妙的世界里,或翱翔于绿荫,或徘徊于溪水,或起舞于阳光之下、百花丛中,忘记了自己的存在。不知道是自己做梦变成了蝴蝶,还是蝴蝶做梦变成了自己。然而美丽的梦境瞬间即逝,醒来之后,庄子想到自己仍是庄子,而不是蝴蝶,所以感到既惊奇又可疑。

这样妙不可言的美梦,只有庄子这样大彻大悟的人才能做得。那是一个多么自在逍遥的理想世界。在那里,庄子不为衣食忧虑,不受时空限制,没有礼法制度约束,没有官吏的贪婪和暴行。自适其趣,其乐融融,一切都那么理想,一切都那么惬意。庄子渴望自由、追求美好人生的苦心可见一斑。

庄子的哲学主要接受并发展了老子的思想。他认为"道"是超越时空的无限本体,它生于天地万物之间,而又无所不包、无所不在,表现在一切事物之中。然而它又是自然无为的,在本质上是虚无的。在庄子的哲学中,"天"是与"人"相对立的两个概念,"天"代表着自然,而"人"指的就是"人为"的一切,与自然相背离的一切。"人为"两字合起来,就是一个"伪"字。因此,庄子主张顺从天道,而摒弃"人为",摒弃人性中那些"伪"的杂质。顺从"天道",从而与天地相通的,就是庄子所提倡的"德"。

一天,庄子偕弟子穿行在崇山峻岭之中。时值秋冬之际,万木凋零,枯草遍野,黄叶漫卷,乌鸦哀号。庄子破帽遮头,旧衣裹身,脚穿烂麻草鞋,踩着崎岖的山路,迎着萧瑟的秋风,望着惨淡的夕阳,不禁仰天长啸、放声高歌道:

> 凤兮凤兮,何如德之衰也!
>
> 来世不可待,往世不可追也。
>
> 天下有道,圣人成焉;

天下无道,圣人生焉。

方今之时,仅免刑焉。

福轻乎羽,莫之知载;

祸重乎地,莫之知避。

已乎,已乎!临人以德。

殆乎,殆乎!画地而趋。

迷阳迷阳,无伤吾行。

吾行郤曲,无伤吾足。

弟子不解,问道:"先生一向乐观大度,今日为何悲歌哀叹?"庄子道:"天下有至乐的国土吗?有可以养生全身的诀窍没有?身处当今乱世,干什么正当,不干什么无凶?住在哪儿为安,逃向哪儿无险?依就什么可靠,舍弃什么无忧?喜欢什么合理,厌恶什么无祸?"弟子道:"天下人所尊崇的,是富贵、长寿、美丽;所喜好的,是身安、厚味、美色、美服、音乐;所鄙弃的,是贫贱、病夭、丑陋;所苦恼的,是身不得安逸、口不得厚味、身不得美服、眼不得好色,耳不得好音乐。以上不就是常人的好恶避就、养生全身的道理吗?先生还有何高见?"

庄子道:"倘若不能如愿,则大忧而惧,其对待生命的态度,岂不是很愚蠢?想那贪富者,辛苦劳作,积财很多而不能用尽,其养身之法是知外而不知内;想那求贵者,夜以继日,思虑好坏,其养身之法是知疏而不知密。人之生也,与忧俱生,寿者昏昏,久忧不死,何苦呢?其养生之法是知远而不知近。"弟子道:"先生之意,是说富贵、长寿等都是外在的东西,都不足以真正地养生。对吧?"

庄子点点头,又道:"烈士是为天下所称赞的人,未足以保全己身。你说烈士是该称善还是不该称善?若以为善,不能保全自己;若不以为善,却能保全他人。古人道:忠谏不听,则闭口莫争。伍子胥忠谏强争,结果被吴王害了性命；如不争，伍子胥又难成忠臣之名。你说怎样做才算善行？"

弟子似有所悟："先生是说：名可害生，追求美名并非养生之道？"

庄子未置可否，继续说："今世俗之所做与所乐者，我也不知其乐果真是乐，果真不乐？我看世俗之所乐，不过是举世群起追赶时髦，蜂拥向前如被鞭之羊，扬扬自得而不知何求，都自以为乐，我也不知是否真乐。不过，我视无为恬淡方是真乐，而世俗却不以为然，以为是大苦。"

弟子道："我明白了。先生认为：至乐无乐，至誉无誉。"

庄子道："对，对！无乐方为至乐，无为方可保命。天下是非果未定也，不过，无为可以定是非。至乐活身，唯有无为可以保命。为何这么说呢？你想：天无为而自清，地无为而自运。此两无为相合，万物皆化生。恍恍惚惚，不知所由；恍恍惚惚，不知所出；万物纷纭，皆从无为而生。因此，天地无为而无不为，人谁能体会到无为的益处呢？"

庄子临死时，弟子们想厚葬他。庄子说："我以天地作棺椁(guǒ)，以日月当美玉，以星辰当珍珠，以宇宙万物为随葬品。我的葬具还不够齐备吗？为什么还要别的呢？"弟子们解释说："我们怕乌鸦老鹰啄先生的遗体。"庄子说："葬在地上给乌鸦、老鹰啄，埋在地下让蚂蚁吃，你们不让乌鸦老鹰啄，而让蚂蚁吃，有点太偏向了吧！"

庄子生也自由，死也洒脱，真是一位了不起的哲人。

兵家至宝《孙子兵法》

春秋战国时代，天命思想对人影响很深。人们日常做事都要占卜问卦，以求老天启示祸福，再决定做什么或不做什么。就连带兵出征的将军也都要在出征前卜筮(shì)，有的用筮草算卦，有的用火烧乌龟壳，看裂纹断吉凶，有的请人观察星辰运行等等。

但也有人不信这一套，不相信天命、鬼神，而相信人的智慧。伟大的军事学家孙子就是其中之一。

孙武，字长卿，后人尊称其为孙子、孙武子(兵圣)。他出生于公元前535年左右，是齐国乐安(今山东广饶县)人。孙武的祖先被周朝天子册封为陈国国君(陈国在今河南东部和安徽一部分，建都宛丘，今河南淮阳)。后来由于陈国内部发生政变，孙武的直系远祖便携家带口，逃到齐国，投奔齐桓公。由于贵族家庭给孙武提供了优越的学习环境，孙武得以阅读古代军事典籍《军政》，加上当时战乱频繁，兼并激烈，他从小也耳闻目睹了一些战争，这对少年孙武的军事方面能力的培养非常重要。但孙武生活的齐国，内部矛盾重重，危机四伏，贵族相互之间争权夺利的斗争愈演愈烈。孙武对这种内部斗争极其反感，不愿纠缠其中，萌发了远奔他乡、另谋出路去施展自己才能的念头。当时南方的吴国自寿梦称王以来，联晋伐楚，国势强盛，很有新兴气象。孙武认定吴国是他理想的施展才能和实现抱负的地方。大约在齐景公三十一年(公元前517年)左右，正值18岁青春年华的孙武毅然离开乐安，告别齐国，长途跋涉，投奔吴国而来，孙武一生事业就在吴国展开。

孙武来到吴国后，便在吴都(今无锡市)郊外结识了从楚国而来的伍子胥。孙武结识伍子胥后，十分投机，结为密友。吴王阖闾即位三年，即公元前512年，吴国国内稳定，仓廪充足，军队精悍，向西进兵征伐楚国的准备工作已经基本就绪。伍子胥向阖闾提出，这样的长途远征，一定要有一位深通韬略的军事家筹划指挥，方能取胜。他向吴王阖闾推荐了正在隐居的孙武，称赞孙武是个文能安邦、武能定国的盖世奇才。吴王终于答应接见孙武。

孙武带着他刚写就的兵法进见吴王。吴王将兵法一篇一篇看罢，啧啧称好，马上任命孙武指挥吴军。在孙武的严格训练下，吴军的军事素质有了明显的提高。就在公元前512年，阖闾、伍子胥和孙武，指挥吴军攻克了楚的属国钟吾国（今江苏宿迁东北）、舒国（今安徽庐江县西），这时阖闾头脑发热，想要长驱直入攻克楚都郢（今湖北江陵县纪南城）。孙武认为这样做不妥，便进言道："楚军是天下的一支劲旅，非舒国和钟吾国可比。我军已连灭二国，人疲马乏，军资消耗，不如暂且收兵，养精蓄锐，再等良机。"吴王听从了孙武的劝告，下令班师。伍子胥也完全同意孙武的主张，并向吴王献策说："人马疲劳，不宜远征。不过，我们也可以设法使楚人疲困。"于是伍子胥和孙武共同商订了一套扰楚、疲楚的计策，即组成三支劲旅，轮番袭扰楚国。当吴国第一支部队袭击楚境的时候，楚国见来势不小，便全力以赴，派兵迎击。待楚军出动，吴军便往回撤。而楚军返回驻地时，吴国的第二支部队又攻入了楚境，如此轮番袭击，弄得楚国连年应付吴军，人力物力都被大量耗费，国内十分空虚，属国纷纷叛离，吴国却从轮番进攻中抢掠不少，在与楚对峙中完全占据上风。

公元前506年，楚国攻打已经归附吴国的小国——蔡国，给了吴军伐楚的借口。阖闾和伍子胥、孙武指挥训练有素的3万精兵，乘坐战船，溯淮而上，直趋蔡国与楚国交战。楚军见吴军来势凶猛，不得不放弃对蔡国的围攻，收缩部队，调集主力，以汉水为界，加紧设防，抗击吴军的进攻。不料孙武突然改变了沿淮河进军的路线,放弃战船,改从陆路进攻,直插楚国纵深。

伍子胥问孙武:"吴军习于水性,善于水战,为何改从陆路进军呢?"孙武告诉他说:"用兵作战,最贵神速。应当走别人料想不到的路,以便打它个措手不及。逆水行舟,速度迟缓,楚军必然乘机加强防备,那就很难破敌了。"

就这样,孙武在3万精兵中选择了强壮敏捷的3500人为前阵,身穿坚甲,手执利器,连连大败楚军。旧历11月28日攻入楚国的国都郢,楚昭王带着妹妹仓皇出逃。孙武以3万军队攻击楚国的20万大军,获得全胜,创造了以少胜多的光辉战例。

然而,这时越国乘吴军伐楚之机进攻吴国,秦国又出兵帮助楚国对付吴军,这样,阖闾不得不引兵返吴。此后,吴又继续伐楚,楚为免亡国,将国都由郢迁到都(今湖北宜城县东南)。

孙武在帮助阖闾西破强楚的同时,计划征服越国。公元前496年,阖闾听说越王允常去世,新即位的越王勾践年轻稚弱,越国国内不大稳定,认为机不可失,失不再来,便不听孙武等人的劝告,不等准备工作全部就绪,就仓促出兵,想要击败越国。不料,勾践整顿队伍,主动迎战,两军相遇于吴越边境的李(今嘉兴县西南)。勾践施展巧计,他派死刑犯首先出阵,排成三行,把剑放在脖子上,一个个陈述表演后,自刭于阵前。吴国士兵不知那是一个个罪犯,居然看得忘了神、傻了眼,越军乘机发动冲锋,吴军仓皇败退,阖闾也伤重身亡。

阖闾去世后,由太子夫差继承王位,孙武和伍子胥整顿军备,以辅佐夫差完成报仇雪耻大业。公元前494年春天,勾践调集军队从水上向吴国进发,夫差率10万精兵迎战于夫椒(今江苏无锡马山太湖边),在孙武、伍子胥的策划下,吴军在夜间布置了许多诈兵,分为两翼,高举火把,只见在黑暗的夜幕中火光连成一片，迅速向越军阵地移动，杀声震天，越军惊恐万状，军心动摇，吴军乘势总攻，大败越军，勾践在吴军的追击下带着5000名甲士跑到会稽山（今浙江绍兴市东南）上的一个小城中凭险抵抗，由于吴军团团包围，勾践只得向吴屈辱求和，夫差不听伍子胥劝阻，同意了勾践的求和要求。

随着吴国霸业的蒸蒸日上，吴王夫差争得了霸主的地位，夫差渐渐自以为是，不纳忠言。伍子胥认为：勾践被迫求和，一定还会想办法以后报复，故必须彻底灭掉越国，绝不能姑息养奸，留下后患。但夫差听了奸臣的挑拨，不仅不理睬伍子胥的苦谏，反而制造借口，逼其自尽，甚至命人将伍子胥的尸体装在一只皮袋里，扔到江中，不给安葬。孙武深知"飞鸟绝，良弓藏；狡兔尽，走狗烹"的道理，于是便悄然归隐，息影深山，根据自己训练军队、指挥作战的经验，修订其兵法13篇，使其更臻完善。

事情不出伍子胥所料，越王勾践屈辱求和后，卧薪尝胆，立志报复。公元前482年，越军乘吴军主力聚集黄池与中原诸侯盟会，国内兵力空虚之际，发兵袭吴，攻入吴国国都，吴国遭此劫难，便一蹶不振，由盛转衰，延至公元前473年，正式被越国灭亡，夫差愧恨交加，自刎而死。孙武所梦想的由吴王统一华夏，也就成为泡影。

孙武反对天命论，他认为人有能力认识和改造世界，打仗要研究战争本身的规律，不要依赖天命鬼神。他提出了千古不朽的军事原则"知己知彼、百战不殆"。意思是说，打仗之前，真正了解自己和敌人的情况，知道敌人强在哪里，自己弱在何处，该退就退，该进就进，可力取则强攻，不能强取就巧取，只要这样，就没有不打胜仗的。所以《孙子兵法》中

含有丰富的军事辩证法思想。

孙武的后人里有一个叫孙膑的人对《孙子兵法》学习和运用得恰到好处。他领会颇深，不拘泥于孙武的讲解，更有独到之处。他根据自己学习的体会和战争实践，也撰写了一部兵书——《孙膑兵法》，继承了孙武的军事辩证法思想。

孙膑原不叫这个名字，他早年同隐士鬼谷子学习兵法时，同学中有一个叫庞涓的人，深深感到自己能力不如孙膑。后来庞涓做了魏王的将军，便心生歹意。恰巧有人向魏王推荐孙膑，说他学了祖父孙武的兵法，军事天才举世无双，是难得的人才。魏王心中高兴，意欲重用孙膑，就请他来到魏国。庞涓知道孙膑能力比自己强，怕自己在魏王面前失宠，就设下圈套陷害孙膑，让魏王治他罪，挖掉他的两个膝盖骨。这种刑罚叫膑刑，后来人们也就把这位军事家叫孙膑。

庞涓设法治了孙膑的罪，接着又骗他写出《孙子兵法》。因为当年鬼谷子传授兵法时，只把《孙子兵法》传给肯于钻研、忠厚老实的孙膑。庞涓一直没有学过《孙子兵法》，所以他没有杀掉孙膑，就是想从他这得到兵法。后来有人据实相告，孙膑看到了庞涓的祸心，就毁掉书简装成疯子。孙膑瞒过了庞涓，瞒过了魏王。

不久，齐国使者把孙膑救出，送到齐国大将军田忌那里。田忌对孙膑照顾备至，使孙膑大为感动，决定为齐国做事。这样孙膑在齐国很快就显露出他过人的才华。

那时齐威王喜欢和大臣们赛马，赛马时，双方各出三匹马，分赛三次，两胜一负就算赢了，每次都是威王赢，这使威王更加乐此不疲。孙膑发现双方的马都分上、中、下三等，齐王每一等级的马都比田忌的强，但相差不多。于是他给田忌出主意，让他变换了赛马的次序。第一场，让田忌以下等马输给齐王，第二场，用上等马赢齐王的中等马，第三场，用中等马赢齐王的下等马。果然，田忌出奇制胜，以两胜一负获得最后胜利。齐王知道后，大加赞赏孙膑，拜他为军师。

田忌赛马

有一次，魏国攻打赵国，赵国向齐王求救。田忌孙膑奉命出兵。孙膑认为魏国攻打赵国，必然是精兵强将，而守卫自己国家的必是老弱病残。如果直奔赵国必然与魏国强兵交战，如果攻打魏国都城，魏国必然撤回攻打赵国的军队以自救，这样也救了赵国。于是他和田忌直接发兵魏国首都大梁。果然魏国急忙从赵国撤兵。孙膑田忌又埋伏重兵在桂陵一带，重创魏军，大获全胜。这就是历史上著名的围魏救赵的战例，也是出奇制胜的一个典范。

围魏救赵

齐国大败魏国的马陵之战也是孙膑谋划的。出征时他对田忌说，魏国军队素来轻视齐国，以为齐国军队怯懦，我们不如将计就计。兵法上讲，百里之内赶到者，损折大将，五十里内赶到者军队只能到一半。我们进入魏国境内搭灶做饭时，先设 10 万人的灶，第二天设 5 万人的灶，第三天设 3 万人的灶。魏将庞涓走了三天，察看齐军灶台后，大喜过望，对手下说："我本来知道齐军胆小，没想到开进我们魏国刚三天，士兵已逃走了一半。"于是就舍弃步兵不管，率领骑兵日夜赶路，想一举消灭齐军。孙膑估计庞涓晚上将到达马陵，马陵地险路狭多山地，就埋伏好军队，等候庞涓的骑兵，并砍下一棵大树的树皮，在露出的白色树干上写上"庞涓死于此树之下"几个大字，嘱咐军队，晚上看到火光就放箭。果然，庞涓到马陵，看见树上有字，就命人取火观看。还没有读完这几个字，齐军万箭齐发，魏军大乱。庞涓知道自己智穷兵败，就在那棵树下自刎而死，死前说："成全了这小子（指孙膑）的名声！"后来，齐国又出奇制胜，俘虏魏国太子凯旋。这个谋划，军事上叫"增兵减灶"的计谋。

　　孙膑和他的祖父孙武，成为古今中外举世公认的大军事学家。《孙子兵法》被称为"兵学经典""世界古代第一部兵书"。它不但讲了作战的方法，还讲了不少哲学道理。这恐怕也是它流芳后世的一个原因。

　　《孙子兵法》是现存的中国和世界军事理论史上最早形成战略体系的一部兵学专著，共分十三篇，虽然只有五千余字，但内容包罗万象、博大精深，涉及到战争规律、哲理、谋略、政治、经济、外交、天文、地理等方面内容，堪称古代兵学理论的宝库和集大成者，在全世界广为传播。

　　《孙子兵法》蕴含丰富的辩证法思想，书中探讨了与战争有关的一系列矛盾的对立和转化，如敌我、主客、众寡、强弱、攻守、胜败、利害等。《孙子兵法》正是在研究这种种矛盾及其转化条件的基础上，提出其战争战略和战术的。这当中体现的辩证思想，在中国辩证思维发展史中占有重要地位。《孙子兵法》谈兵论战，集韬略、诡道之大成，被历代军事家广为援用,《孙子兵法》缜密的军事、哲学思想体系,深远的哲理、变化无穷的战略战术,常读常新的探讨韵味,在世界军事思想领域也拥有广泛的影响,享有极高的声誉。

从《孙子兵法》的本身意义上说,作为古典战争哲学,所描述的核心点,依然是以"聚焦"为主,因此,按照这个思维,可以延伸到各个领域的应用。全世界有数千种关于《孙子兵法》的刊印本。不少国家的军校把它列为教材。据报道,1991年海湾战争期间,交战双方都曾研究《孙子兵法》,借鉴其军事思想以指导战争。同时,《孙子兵法》更是高级管理人才培训必读教材。兵法的核心在于挑战规则,唯一的规则就是没有规则,兵法是谋略,谋略不是小花招,而是大战略、大智慧。

日本松下电器创始人松下幸之助说:"《孙子兵法》是天下第一神灵,我们必须顶礼膜拜,认真背诵,灵活运用,公司才能发达。"

美国前总统尼克松写的一本书——《1999:不战而胜》,其中就引用了好多的孙子的语录。

日本逢屋千村说《孙子兵法》不是打仗的,《孙子兵法》是教人和平的,是和平主义者,是不战主义。

孙中山曾说过:"就中国历史来考究,两千多年的兵书,有十三篇,那十三篇兵书,便成了中国的军事哲学。所以照那十三篇兵书讲,是先有战斗的事实,然后才成那本兵书。"

毛泽东评价《孙子兵法》:"中国古代大军事家孙武子书上'知彼知己,百战不殆'这句话,是包括学习和使用两个阶段说的,包括认识世界中的发展规律,并按照这些规律,去决定自己的行动克服当前敌人而说的;我们不要轻看这句话。"又说:"孙子的规律,乃至今天仍是科学真理。"

名家智辩天下

战国时代是出思想家的时代,也是一个争论的时代。诸子百家为了宣扬自己的学说,击败对方,赢得诸侯君主的赏识、信任,都通过论辩来讲事明理。历史上称这种局面叫"百家争鸣"。

"百家争鸣"时期,涌现了一大批杰出的"辩才",他们以机智、善辩而著称于世,被称为"名家"。先秦诸子中,大都是这种能言善辩之士。这里我们再介绍百家中的两位代表人物:惠施和公孙龙。

惠施是战国宋国人,曾做过魏国的宰相。他很博学,是庄子的好朋友。他死后,庄子有一次路过他的墓地大动情怀,给他的学生讲运斤成风的故事。说有个叫匠石的人帮人家干活,他的朋友鼻子上沾了一滴白灰,薄如蝉翼。当然,洗一下脸就可以去掉,可他嫌费事,拉过匠石,请他用斧子砍下去。匠石抡圆斧子一下子砍去,朋友泰然自若,白粉被削得一干二净,鼻子一点儿也没受伤。宋国君主闻知此事也要试试,就把匠石请入宫中。匠石说:"我是有这样的本事,可是斧子抡起来有万钧之力,差之毫厘,就会出人命,请问国君真的相信我不会失手么?你真的自信能面对大斧子一动不动吗?只有我的朋友相信我不会失手,不过他已经死了,再也没人能跟我配合了。"惠施生前,庄子跟他辩论时感到充满了活力和智慧,而今感到了孤独和悲凉。

惠施有几个著名的论断,像"天与地卑,山与泽平"(天和地一样低,高山和水洼一样平)、"日方中方睨,物方生方死"(太阳刚到正午就倾斜了,事物刚出生就走向死亡），等等。他认为事物的区别、对立是相对的，而在同一性上是绝对的。所以历史上认为惠施的主张是"合同异"一派的。

惠施与庄子辩论

还有一次，魏国的宰相死了，魏王急召惠施。惠施接到诏令，立即起身，日夜兼程直奔魏国都城大梁，准备接替宰相的职务。惠施一个随从也不曾带上，他走了一程又一程，途中，一条大河挡住去路。惠施心里记挂着魏王和魏国的事情，心急火燎，结果，过河时，他一失脚跌落水中。由于惠施水性不好，他一个劲地在水里扑腾着，眼看就要沉入水底，情况十分危急，幸亏有个船家及时赶来，将惠施从水中救起，才保住了惠施的性命。船家请惠施上了船，问道："既然你不会水，为什么不等船来呢？"

惠施回答说："时间紧迫，我等不及。"

船家又问："什么事这么急，让你连安全也来不及考虑呀？"

惠施说："我要去做魏国的宰相。"

船家一听，觉得十分好笑，再瞧瞧惠施落汤鸡似的失魂落魄的样子，脸上露出了鄙视的神情。他耻笑惠施说："看你刚才落水的样子，可怜巴巴的只会喊救命，如果不是我赶来，恐怕连性命都保不住。像你这样连凫水都不会的人，还能去做宰相吗？真是太可笑了。"

惠施听了船家这番话，十分气恼，他很不客气地对船家说："要说划船、凫水，我当然比不上你；可是要论治理国家、安定社会，你同我比起来，大概只能算个连眼睛都没睁开的小狗。凫水能与治国相提并论吗？"一番话，说得船家目瞪口呆。

惠施博学而善辩，当时是出了名的。南方有个怪人叫黄潦，曾问他天为什么不会塌下来，地为什么不会陷下去，以及什么是风雨雷霆发生的原因，惠施不假思索地一一对答，口若悬河，滔滔不绝，立论与众不同，使当时人们很感惊奇。从中足以看出惠施对自然做了很多的观察和分析，有很丰富的知识。

与惠施齐名而观点相反的另一个辩论大师是公孙龙。他是赵国人，当过官，后来失宠。他的这一派观点叫做"坚白离"。

公孙龙说，一块白色的石头，人们看它时，只能看到它的白色，而看不到它的坚硬，所以它不坚硬；人们触摸它的时候只能摸到它的坚硬，而摸不到它的白色，所以它不是白的。这说明坚硬和白色是不能同时存在的，是分离的（坚白离）。这是他这派学说的由来。他与惠施相反，夸大事物的对立性，抹杀同一性。只看到差别，看不到共同之处，这是他的特点。

公孙龙

公孙龙有一个著名的故事：白马非马。

战国时候，各诸侯国争雄图霸，不断打仗。作战中，骑兵冲锋陷阵，攻势凌厉，越来越显示出强大的战斗力。所以各国都重视骑兵的发展，马也被特别看重。许多国君下令，不许马匹随便出关。

一次公孙龙骑着一匹白马，大模大样地向城关走去。到了关前，他也不下马，继续往前走。守关的军官一面命令士兵挡住他，一面大声喝问："你不知道马是禁止出关的吗？为什么故意闯行？"公孙龙勒住马，微微一笑，回答说："你是说禁止马出关吗？请你细看，我骑的是白马，白马非马，你禁不得我出关。""白马不是马"，守关的官兵听了，张口结舌，无言以对，公孙龙乘机出关，扬长而去。此后，公孙龙的名字就与"白马非马"的故事一起流传开来。

　　孔子的六世孙，大名鼎鼎并自认为很聪明的孔穿，为了驳倒公孙龙的主张，找上门去辩论，结果被公孙龙驳得无以应对，吃了败仗。

　　辩论是在赵国平原君家里进行的。

　　孔穿对公孙龙说："向来听说先生道义高尚，早就愿为弟子，只是不能同意先生的白马不是马的学说！请你放弃这个说法，我就请求做你的弟子。"

　　"白马非马"是公孙龙成名的得意之作，要他放弃，那他公孙龙也就不成其为公孙龙了。所以公孙龙回答孔穿说："先生的话错了。我所以出名，只是由于白马的学说罢了。现在要我放弃它，就没有什么可教的了。"接着公孙龙又批评孔穿的求学态度："想拜人家为师的人，总是因为智力和学术不如人家吧；现在你要我放弃自己的学说，这是先来教我，而后才拜我为师。先来教我，而后再拜我为师，这是错误的。"

　　在前哨战中，孔穿已处于下风。公孙龙不愧为一位能言善辩的逻辑学家。他在教训过孔穿以后，又针对孔穿其人，宣传起自己的理论。公孙龙引经据典地说："白马非马的说法，也是仲尼（孔子）所赞同的。孔子所赞同的，你孔穿还能不赞同吗？"

　　公孙龙对孔穿讲了一个故事：当年楚王曾经打猎，结果把弓弄丢了。随从们请求去找。楚王说："不用了。楚国人丢了弓，楚国人拾了去，又何必寻找呢?"仲尼听到了说:"楚王的仁义还没有做到家。应该说人丢了弓、人拾了去就是了,何必要说楚国呢?"公孙龙评论道:照这样说,仲尼是把楚人和人区别开来的。人们肯定仲尼把楚人和人区别开来的说法,却否定我把白马与马区别开来的说法,这是错误的。

末了,公孙龙又做了总结性的发言:"先生遵奉儒家的学术,却反对仲尼所赞同的观点;想要跟我学习,又叫我放弃所要教的东西。这样即使有一百个我这样的人,也根本无法做你的老师啊!"孔穿无法回答。

说白马不是马,很少有人赞成,可要说白马和马是有区别的,这是有道理的。

人类对各种事物的认识、概念的确定是要有一个漫长的过程的。公孙龙指出了"白马"这个概念和"马"这个概念是不同的,有区别的。他看到了"白马"就是"马"加上"白色","马"指形体的名称,"白"指颜色名称。这就启发人们去思考特殊和一般,加深对事物的认识。但公孙龙本人割裂了二者的联系,他不明白事物共同的东西是从具体事物中概括出来的。没有白马、黑马、黄马、大马、小马,就没有"马"这个概念,也就没有人们对"马"的认识。如果"白马"不是"马",那么大马、小马、白马、黑马、红马就都不是马了,那马还存在吗? 守城的官兵没有看到这点,否则公孙龙一定不会那么得意了。

惠施和公孙龙与天下辩士争论还有很多有趣的论题,比如:蛋有毛,鸡三脚,龟比蛇长,白狗是黑的等等。这些命题纯是诡辩,过于无聊。有些则含有深刻的哲理。像"飞鸟之景未尝动也"(飞鸟的影子是不动的),这看到了事物动和静的辩证关系,事物动又不动,是合理的。"一尺之棰,日取其半,万世不竭"(一尺长的木棒,每天截去它的一半,一万年也截不完),认识到了物质可以无限分割,难能可贵。

名家是春秋战国社会大变革的产物,他们的辩论,"不法先王,不事礼义",具有反传统的精神,是为新的政权服务的。但由于他们认识的角度不同,因此观点有所不同。惠施、公孙龙都是片面夸大了认识的某一方面,惠施强调事物的同一的一方面,公孙龙则强调事物有差别的一方面。他们在各自所强调的方面都有精辟的思想,但是这些认识却受到形而上学思想方法的限制。他们的错误是人类认识发展史上不可避免的,后期墨家的逻辑思想正是对他们的批判总结。

总体来看,当时的人对惠施、公孙龙评价不是很高。庄子也说公孙龙:"有其言,无其实;能伏众人之口,不能伏众人之心。"后来的韩非讲得更干脆,他说凭诡辩的空论也许可以辩倒整个国家,但用事实检验,一个人也骗不了。但他们的许多思想毕竟含有真理的成分,能给人以启发和思考。

"制天命以用之"的荀子

在古代社会，自然界对人类来说是个难解之谜。日月之行，寒暑往来等自然现象都没有很好的解答，因为科学和技术还没有足够地发展起来。所以古代人很容易迷信，对自然产生畏惧心理，把解释不了的自然现象看成是某种神秘力量在驱使，于是就有了各种各样的天命、神灵、鬼怪等观念。

战国时荀子与众不同，他经过自己的观察和实践，逐渐意识到自然界有自己的运行规律，公开提倡反对盲目迷信"天命""鬼神"的思想并提出了"制天命以用之"的口号。做到这一点，对今天的人们来说是正常的，而对荀子所处的时代来说，是难能可贵的。

荀子是赵国人，名况，也被人们称作荀卿或孙卿。他和同时代的许多人一样，既是哲学家，又是政治家，还是教育家。他早年游历过不少国家，打破了当时流行的"儒者不入秦"的传统，去过秦国，见过秦王，也到过齐国有名的稷下学宫讲学，曾三次被任命为学宫的祭酒。后来在楚国当过兰陵县令，晚年在那里定居。

荀子是春秋战国"百家争鸣"的集大成者，也是先秦儒家的最后一位大

荀子

师。后人对荀子争议颇大，有的说他是孔门嫡传，有的说他是儒门异端；有的说他是法家，是黄老思想家，有的说他是经师，是专制主义理论的祖师……其实，荀子在中国思想史上的价值，荀子对儒学的贡献，就在于他的"杂"，他的"异"。荀子处在战国末期的时代，诸子各派的思想学说均已出现，这使得他不仅能采纳诸子思想，又可以进行批判和比较，所以荀子的思想非常丰富。可以说，宇宙论、人性论、道德观、知识论、教育观、文学、政治学、经济学、逻辑学等各个方面，荀子都有很大的建树。

荀子的学问渊博，在继承前期儒家学说的基础上，又吸收了各家的长处加以综合、改造，建立起自己的思想体系，发展了古代唯物主义传统。现存的《荀子》32篇，涉及到哲学、逻辑、政治、道德许多方面的内容。在自然观方面，他反对信仰天命鬼神，肯定自然规律是不以人的意志转移的，并提出人定胜天的思想；在人性问题上，他提出"性恶论"，否认天赋的道德观念，强调后天环境和教育对人的影响；在政治思想上，他坚持儒家的礼治原则，同时重视人的物质需求，主张发展经济和礼治法治相结合。荀子非常重视教师在教学中的地位和作用，认为国家要兴旺，就必须看重教师，同时对教师提出严格要求，认为教师如果不给学生做出榜样，学生是不能躬行实践的。

荀子作为哲学家，一反前人的"天命""鬼神"思想，要人们"明于天人之分"。他认为"天行有常，不为尧存，不为桀亡"。意思是说，自然界的运行，有一定的规律。这规律不是因为世界上有尧那样贤明的君主才存在，也不会因为有桀那样的暴君就消亡。这就是说自然界有它自身的规律。日月星辰的运行，一年四季的变化，万物的发生发展，根本不是什么上天的安排，也不是什么征兆，更不以人的愿望为转移，是自然而然的。天不会因为人们厌恶寒冷就取消冬季，地也不因为人们厌恶遥远就缩小面积。人类的吉凶祸福，富贵贫贱，也不是天命决定的，而是人们自己的行为决定的。

荀子的解释虽然不很科学，但比较符合实际。比如，流星划过夜空，陨石从天而降，树林里发出噼啪的声音，大家很害怕，有人问荀子："这是怎么回事？"荀子回答说："这没有什么，只是天地的常规有所变化，出现了罕见的现象。因为罕见，人们就觉得奇怪。但尽管奇怪，也用不着害怕。因为日食、月食、彗星及风雨失调，在每个朝代都有过。这不过是自然界中自然变化的现象，跟日出月落、寒来暑往一样，没有什么可怕的。"

那么，为什么人们要向老天爷求雨，而且有时候求过就会下起来呢？荀子说，这不是什么老天爷灵验，而是碰巧遇上了。其实，不求雨，也会下雨的，长久的干旱之后，总是要下雨的，这是自然变化的规律，同祭天没有什么关系。

自然现象不是天决定的，人的生老病死、吉凶祸福也不是天决定的。荀了说："人能辛勤劳动，又省吃俭用，天也不能让他贫困；人懂得养生之道，注意保养，经常活动，天也不能让他生病。"荀子说的"天"就是自然。荀子认为，人不但可以认识天（自然），而且可以制服天，人定胜天。所以他充满信心地说："与其尊敬天、仰慕天，为什么不把天当做物质来控制呢？""与其顺从天又歌颂天，为什么不掌握天变化的规律，利用它呢？"

荀子同时也是个无神论者，他认为，世界上根本就没有什么鬼，鬼是人们自己想象出来吓唬自己的。他讲过一个"涓蜀梁见鬼"的故事，用以嘲笑那些怕鬼的人。

有个叫涓蜀梁的人，既愚蠢又胆小，看见什么都害怕。有一天晚上，他独自一人赶夜路。月光凄清，周围一片寂静，凉风吹来，涓蜀梁不禁打起哆嗦来。他一低头，猛地看见一个黑魆魆的人影，以为遇到的是地上爬的鬼，其实那是他自己的影子；他慌忙抬起头，又看见一个披头散发的妖怪站在自己的身后，其实那是他看到了自己的头发。他的肝胆都吓破了，转身就逃。等他跑到家中，已是上气不接下气，没多久就一命呜呼了！

　　荀子的思想虽然与孔子、孟子的思想都属于儒家范畴，但却有其独特见解，自成一说。荀子的思想偏向经验以及人事方面，是从社会脉络方面出发，重视社会秩序，反对神秘主义的思想，重视人为的努力。孔子中心思想为"仁"，孟子中心思想为"义"，荀子继二人后提出"礼""法"，重视社会上人们行为的规范。以孔子为圣人，但反对孟子和子思为首的"思孟学派"的哲学思想，认为子贡与自己才是继承孔子思想的学者。孔子、孟子在修身与治国方面提出的实践规范和原则，虽然都是很具体的，但同时又带有浓厚的理想主义成分。与孔、孟相比，荀子的思想则具有更多的现实主义倾向。他在重视礼义道德教育的同时，也强调了政法制度的惩罚作用。

　　荀子最著名的是他的性恶论，这与孟子的性善说直接相反。荀子认为人性的两部分：性和伪。性是人先天的动物本能，是恶；伪是人后天的礼乐教化，是善。性（动物本能）的实质是各种欲望，如果顺从性，人就会为满足欲望不择手段，导致道德沦丧、天下大乱。圣人知道性是恶的，所以创制礼义道德，"化性起伪"，用伪取代性，使人变善。

　　那么为什么要伪？善有什么用？《荀子·王制》中又说：论力气，人不如牛；论速度，人不如马，然而人却驯化了牛马为己所用，这是为什么？因为人能组成社会，团结一致，而牛马等兽类不能。人为什么能组成社会？因为人有道德（义），有了道德，就能组成牢固的社会，使人的力量大增，人类繁荣发展，幸福生活。道德的作用就是维持社会内部秩序，构建

"和谐社会"。这就是伪的作用。伪（礼义道德）能维持社会的正常秩序，保证人类的生存。

另外，荀子在逻辑研究上的贡献，主要在概念论上。

荀子首先揭示了思维活动的四种形态，他说：实不喻，然后命，命不喻，然后期，期不喻，然后说，说不喻，然后辨。故期、命、辨、说也者，用之大文也，而王业之始也。（《荀子·正名》）"实"，指客观事物，或称认识对象。"命"，指制名的思维活动，"期"，指下判断的思维活动。"说"，指解说、推理活动。"辨"，指辨论活动。荀子认为，命、期、说、辨是实际运用中的四种重要思维活动，是成就王业的起点。

荀子不仅是伟大的哲学家和思想家，还是一位了不起的教育家和文学家。他的书《荀子》，讲了许多劝人们学习的道理。在有名的《劝学》篇中，荀子集中论述了关于学习的见解。文中反复强调"学"的重要性，认为只有博学才能"知助而无过"，同时指出学习必须联系实际，学以致用，学习态度应精诚专心，坚持不懈。荀子提出"青，取之于蓝，而青于蓝"，用以鼓励青年人发愤学习，必定超过老师。他还说"不积跬步，无以至千里；不积小流，无以成江海"，用以说明学习是一个由少而多，日积月累的过程；高深的学问，渊博的知识，是一点一滴积累起来的。他还讲"骐骥一跃，不能十步；驽马十驾，功在不舍。锲而舍之，朽木不折；锲而不舍，金石可镂"。这是说，善跑的马跳一下，也不过十步远；劣马拉车走十天也能走很远，它的成功就在于一天天不间断地走下去。用刀子刻东西，如果刻一会儿就放下，即使烂木头也刻不断；要是不停地刻下去，即使是金属、石头一类坚硬的东西，也能雕刻成功。荀子告诫人们不要自以为聪明，就好高骛远，企图一步登天；也不必因为自己天资差就自暴自弃，只要奋发努力，持之以恒，就一定能达到目的。荀子的话至今仍然砥砺好学者孜孜以求。

荀子的文章,和其他先秦诸子的哲理散文一样,也是独具风格的。它既不像《老子》那样,用正反相成、矛盾统一的辩证法思想贯穿始终;也不像《墨子》那样,用严密、周详的形式逻辑进行推理;既不像《庄子》那样,海阔天空、神思飞越,富有浪漫主义色彩;也不像《孟子》那样,语言犀利、气势磅礴,具有雄辩家的特点。荀子是在老老实实地讲述道理。他的文章朴实浑厚、详尽严谨,句式比较整齐,而且擅长用多样化的比喻阐明深刻道理。这一切构成了荀子文章的特色。有人曾将《荀子》一书概括为"学者之文",这是十分恰当的评论。荀子的文章论题鲜明,结构严谨,说理透彻,有很强的逻辑性。语言丰富多彩,善于比喻,排比句、对偶句很多,有他特有的风格,素有"诸子大成"的美称。他的文章已由语录体发展成为标题论文,标志着我国古代说理文趋于成熟,对后世说理文章有一定影响。《荀子》中的五篇短赋,开创了以赋为名的文学体裁;他采用当时民歌形式写的《成相篇》,文字通俗易懂,运用说唱形式来表达自己的政治、学术思想,对后世也有一定影响。荀子不愧是我国古代一位伟大的思想家和杰出的文学家、教育家。

主张法治的韩非子

春秋战国的诸子百家中，许多人都同时既是思想家，又是政治家。他们一方面阐述自己的思想学说，一方面又积极寻求政治机会以期实践自己的学说。究竟该用何种方法治理国家，不同的学说有不同的思想。以孔子为代表的儒家主张"仁政"，以老子为代表的道家主张"无为"而治，以墨子为代表的墨家主张"兼爱、非攻"等等。诸子百家各持己见，莫衷一是；各诸侯国也是无所适从，法无定法。在这种情况下，韩非站出来，极力主张以"法"治国，历史上称他这一学派为法家学派。

韩非是战国末期韩国公子。他和李斯两人同是荀子的学生。李斯后来成为秦始皇的宰相，秦始皇灭六国，建立了中国历史上第一个统一的封建制国家，李斯功不可没。可李斯承认自己的才能比不上韩非。

韩非从小就跟荀子学习，由于他天生口吃，讲话结巴，也就很少讲话，而长于思索。他的故乡韩国是战国七雄中最弱的一国，韩非不愿意自己的国家日

韩非子

益衰败。他曾上书韩王，提出变法图强的主张，但没有被韩王采纳。他为了要求变法，冒着很大的风险。他的一个长辈曾以吴起、商鞅因变法而惨遭杀害的事例警告他，劝他放弃"立法术，设度数"的抱负，韩非不从。他为了变法图强，置生死于不顾，仍然为实现自己的主张而奔走。

韩非总结历代各国治理国家的成败得失，著书立说，写成几十篇文章，阐发变法革新的重要性。他主张"事在四方，要在中央；圣人执要，四方来效"，国家的大权，要集中在君主一人手里，君主必须有权有势，才能治理天下，"万乘之主，千乘之君，所以制天下而征诸侯者，以其威势也"。为此，君主应该使用各种手段清除世袭的奴隶主贵族，"散其党""夺其辅"；同时，选拔一批经过实践锻炼的封建官吏来取代他们，"宰相必起于州部，猛将必发于卒伍"。韩非还主张改革和实行法治，要求"废先王之教"，"以法为教"。他强调制定了"法"，就要严格执行，任何人也不能例外，做到"法不阿贵""刑过不避大臣，赏善不遗匹夫"。他还认为只有实行严刑重罚，人民才会顺从，社会才能安定，封建统治才能巩固。

对于民众，韩非吸收了老师荀子的性本恶理论，认为民众的本性是"恶劳而好安逸"，要以法来约束民众，施刑于民，才可"禁奸于为萌"。因此他认为实施刑法恰恰是爱民的表现。容易让人忽视的是韩非是主张减轻人民的徭役和赋税的。他认为严重的徭役和赋税只会让臣下强大起来，不利于君王统治。

对于臣下，他认为要去"五蠹"，防"八奸"。所谓"五蠹"，就是指：学者（指儒家）、言谈者（指纵横家）、带剑者（指游侠）、患御者（指依附贵族并且逃避兵役的人）和商工之民。他认为这些人会扰乱法制，是无益于耕战的"邦之虫"，必须铲除。所谓"八奸"，就是指："同床"（指君主妻妾）、"在旁"（指俳优、侏儒等君主亲信侍从）、"父兄"（指君主的叔侄兄弟）、"养殃"（指有意讨好君主的人）、"民萌"（指私自散发公财取悦民众的臣下）、"流行"（指搜寻说客辩士收买人心，制造舆论的臣下）、"威强"（指豢养亡命之徒，带剑门客炫耀自己威风的臣下）、"四方"（指用国库财力结交大国培养个人势力的臣下）。这些人都有良好的条件威胁国家安危，要像防贼一样防备他们。

文章传到了秦国，秦王（始皇）看后赞叹不已，甚至说"我要是能见到写书之人，也不枉活一辈子了"。（"寡人得见此人与之游，死不恨矣！"）李斯告诉秦王："这书是我的同学写的，他还活着。"于是秦王想方设法地把韩非找到秦国来。秦王与韩非彻夜长谈，两人很合得来，秦王意欲重用韩非，受到大臣们的反对。特别是李斯，他害怕韩非受重用，自己失宠，又嫉妒韩非的才能，就在秦王面前说韩非的坏话。秦王派人把韩非关进监狱，可拿不定主意是用他、放他，还是杀他。李斯乘机派人威胁韩非，逼他在狱中自杀身亡。秦王考虑许久，终于决定赦免韩非，可此时，韩非已不在人世了。

　　韩非死后，他的学说才被秦王和后来的许多君王采用。

　　当时，在中国思想界以儒家、墨家为显学，崇尚"法先王"和"复古"，韩非子的观点是反对复古，主张因时制宜。韩非子根据当时的形势情况，主张法治，提出重赏、重罚、重农、重战四个政策。韩非子提倡君权神授，自秦以后，中国历代封建王朝的治国理念都颇受韩非子学说的影响。

　　韩非主张用以"法"为主，以"法、术、势"结合君主集权为辅的思想治理国家。"法"就是君王颁布的法令，要全国上下都遵守它。"法"告诉人们什么事该做，做了有赏；什么事不该做，做后受罚。这样君王应该牢牢地掌握赏罚，以此让百姓服从。

　　韩非说，人的本性都是恶的。人都喜欢好的，躲避危险，每个人都自私自利。他说，车匠做车，就希望别人升官发财；木匠做棺材，就盼着有人早死。并不是车匠心善，木匠心坏，是因为没有人当官，车就卖不出去；没有人死也做不成棺材的买卖。木匠也不是对人有仇恨，而只是死人对他有利。因此韩非说，儒家那套仁义说教根本行不通，必须实行法治，赏罚分明。君王应该做到"赏厚而信，刑重而必"，"刑不避大臣，赏不遗匹夫"。就是说，奖赏必须丰厚而且令人信服，刑罚必须从重并且果断;施行刑罚连官员大臣也不放过,实行奖赏即使是布衣百姓也要奖励。这样,给人以好处,他就会为君王卖命;用严厉的刑法,就能压制人民的反抗。

韩非还说,有了"法"的同时,君王还要有"术"、有"势"。"术"是"权术",是用来管束大臣的,运用各种手段,让大臣猜不透君王的心思,以致不敢随便捣鬼。"势"是国家的权力。有了权力才能推行法令,使用权术。秦始皇就是用了韩非的思想才使秦国强大起来,后来灭掉六国,实现了大一统。

韩非强调"法"治的同时,反对天命,不相信鬼神,而相信人的力量。他讲过"画鬼最易"的故事,认为画狮、牛、马、狗最难,因为人们常见到这些东西,有一点儿不像,人们就会指出来。而画鬼最容易,因为它无形无踪,世上之人没人见过,无论画什么都可以叫鬼而又无人能证明它不是鬼。韩非用这个故事来说明根本不存在鬼神。

燕赵两国交兵打仗,双方都用龟甲问卜求神。燕国卜得个"大吉",就是说神认为燕国一定可以战胜赵国。赵国占卜的结果也是"大吉",神也认为赵国一定能打败燕国。两军交战,结果燕国大败。还有一次,赵国跟秦国作战,也是先占卜,得个"大吉",结果被秦国打个落花流水。韩非问道,是燕国神龟骗人,赵国神龟灵验吗?那么秦赵之战,赵国的神龟又骗人了吗?韩非说都不是。国家强盛,兵精粮多,又有出色的将领,打仗就会取胜。决定胜负的力量是人,根本不是什么鬼神。

韩非说,如果要靠长出来就直的竹子做箭杆,一百年也做不成;一定要靠生来就圆的木材做车轮,一千年也不会有车轮。但世上的人有车坐,有箭射,是为什么呢?韩非说是因为人用工具矫正了竹子,弯曲了木材。因此,社会的财富是靠人力得来的,是人勤奋和努力的结果。

韩非的许多道理讲得深刻而又符合当时的实际,他的文章也写得十分精彩。韩非子善于用故事来讲述自己的政治、哲学见解。在他的著作中有许多广为流传的故事。

宋人沽酒：宋国有个卖酒的，卖酒器具量得很公平，接待客人态度很恭敬，酿造的酒很香醇，店铺门前酒旗悬挂得很高，积贮很多酒却没有人来买，时间一久，酒都变酸了。卖酒的人感到奇怪，不解其中缘故。他向同住里巷且知道这事的老人打探，老人说："你养的狗凶恶吗？"卖酒的说："狗凶恶，那么酒为什么就卖不出去呢？"老人说："人们是都害怕你的狗呀！有的人打发自己的小孩，揣上钱，拿着壶，前往打酒。但你的狗窜出来咬人，谁还敢来买酒呢？这就是你的酒卖不掉最终变酸的原因。"国家也有这样的恶狗。有才能的人怀着治国的本领想要禀陈君王，使君王能够明晓治国的方略。那些大臣像恶狗一样窜出来咬人，这就使国君受到蒙蔽和挟制，因而那些有才能的人不能得到重用。

自相矛盾：楚国有个卖矛又卖盾的人，他首先夸耀自己的盾，说："任何东西都无法穿破它！"然后，他又夸耀自己的矛，说："我的矛很锐利，任何东西都不能不被它穿破！"有的人问他："如果用你的矛去刺你的盾，会怎么样？"楚国人张口结舌，回答不出来了。

讳疾忌医：有一次扁鹊去见蔡桓侯。他在旁边立了一会儿对桓侯说："你有病了，现在病还在皮肤里，若不赶快医治，病情将会加重！"桓侯听了笑着说："我没有病。"待扁鹊走了以后，桓侯对人说："这些医生就喜欢医治没有病的人来夸耀自己的本领。"十天以后，扁鹊又去见桓侯，说他的病已经发展到肌肉里，如果不治，还会加重。桓侯不理睬他。扁鹊走了以后，桓侯很不高兴。再过了十天，扁鹊又去见桓侯，说他的病已经发展到肠胃里去了，再不从速医治，就会更加严重了。桓侯仍旧不理睬他。又过了十天，扁鹊去见桓侯时，对他望了一望，回身就走。桓侯觉得很奇怪，于是派使者去问扁鹊。扁鹊对使者说："病在皮肤里，肌肉里，肠胃里，不论针灸或是服药,都还可以医治;病若是到了骨髓里,那还有什么办法呢? 现在桓侯的病已经深入骨髓,我也无法替他医治了。"五天以后,桓侯浑身疼痛,赶忙派人去请扁鹊,扁鹊已经逃到秦国了。桓侯不久就死掉了。

三人成虎:魏国被赵国打败了,因此魏国的太子和大臣庞恭要被送到赵国的首都邯郸,充当人质。临走时,庞恭对魏王说:"要是有人跑来向你报告,说大街上跑出来一只老虎,大王相信吗?"魏王摇头说:"我不相信。大街上哪里来的老虎?""要是接着有第二个人跑来报告,说大街上发现了老虎,您相信不相信?"魏王迟疑了一下,仍然摇头说不信。庞恭再问:"如果马上又有第三个人跑来报告说大街上有只老虎,您信不信呢?"魏王点头说:"我相信了。三个人都这么说,一定不会有假。"庞恭起身说道:"谁都知道,大街上是不可能有老虎的,可是当三个人都说有,大王就相信了。现在邯郸离魏国比从这儿上大街远得多,在大王面前说我坏话的又何止三人,请大王明断是非。"果然如庞恭所料,他一走,就有很多人到魏王面前大造谣言,以至当他从邯郸回来后,魏王再也不愿召见他了。

智子疑邻:宋国有个富翁,因天下大雨,他的墙坍塌下来。他儿子说:"如果不赶紧修筑它,一定有盗贼进来。"隔壁的老人也这么说,可富人不听他的话。这天晚上果然丢失了大量财物。这家人很赞赏儿子的聪明,却怀疑偷盗的是隔壁的老人。韩非子用这个故事告诫人们:在给人提正确的意见时,要考虑自己与听者的关系,否则会引起不必要的麻烦。听意见只应听取正确的,而不要看这意见是什么人提出的,对人不能持偏见,如果不尊重事实,只用亲疏和感情作为判断是非的标准,就会主观臆测,得出错误的结论,说不定会害了自己。

倡导"天人感应"的董仲舒

西汉时候，流行着一种学问，叫《春秋》公羊学。《春秋》本是孔子根据鲁国的历史编成的一部政治史。到汉代，对《春秋》不同解释的流派有：公羊氏、谷梁氏、左氏、邹氏、夹氏。后来却只有公羊和谷梁流传下来，其他几派就消失了。公羊这派是孔子的弟子子夏传给公羊高形成的，后来就称为"公羊学"。董仲舒则是"公羊学"大师。

据《史记》《汉书》记载，董仲舒学习异常勤奋。他常常足不出户，闭门苦读，有整整三年，连屋子旁边的花园都没进去过，更无心去欣赏其中的花草树木、自然景致了，真是个专心读书的大学者。正是经过了这样的苦读，董仲舒才成为精通六艺的博学鸿儒。后来，董仲舒就开始收徒讲学，无数有志于学的青年，从四面八方赶来，拜董仲舒为师。由于门下弟子太多，无法一一亲自教导，董仲舒只好让门下弟子相互传授，学识高深的教学识浅的，这样一来，前来拜师学习的弟子，许多连见董仲舒一面的机会都没有，可见董仲舒当时的气派和影响是多么大。

董仲舒在汉景帝时就被任命为博士，可是，他的政治主张却不被景帝重视。董仲舒只好在家乡广招弟子，传授自己的学说。当然，他也在等待着时机的到来。

公元前141年汉武帝登上了皇帝的宝座，一改景帝时信奉黄老道学的策略，开始重视儒家学派。汉武帝广招天下儒士，向他们征求治理国家的谋略。董仲舒被地方官当做"贤良"推荐给汉武帝。当时从各地到京城应试的有100多人，他们每个人都写了厚厚的文章，可是被汉武帝看中的没有几个人,其中令武帝最满意的要数"公羊大师"董仲舒,他提出的策略叫"天人三策",被汉武帝采纳了。

天人三策

汉武帝登帝位后,励精图治,可是治理的效果却并不理想,特别是天灾不断,使他很困惑。他问董仲舒有没有天命,如果有天命,那么它和人的所作所为有什么关系?

董仲舒说天命是有的,而且非常可靠。他提出一个观点叫"天人感应"。为什么会有灾害呢? 比如说水灾、火灾、旱灾、瘟疫,这都是上天有灵,要惩罚芸芸众生。而上天惩罚也是有原因的,就是由于人违反了天命、天道。董仲舒说帝王如果能够努力做到不违天命,灾害就会消失。怎样才算合乎天命呢?那就是要按照儒家的主张,治理国家,不能用严酷的法律,要用道德教化人民。董仲舒显然是用天命来约束武帝,只要武帝实行严酷的政策,就会遭到上天的报应。

在第二策里,汉武帝问了三个问题。第一个问题是,为什么黄老的道学与孔孟的儒学主张截然相反,然而在不同的时代却能够起到相同的作用?尧舜的时候,皇帝不用做什么,就可以天下太平;而周文王却整天忙于治理国家,连吃饭的时间也没有。一个是毫不费力,另一个却是极度的劳累,这又是什么原因呢?

董仲舒回答说:这是由于时代不同,所处的历史条件也不同。尧舜禹三个朝代,都是圣人做皇帝,人们都自觉遵守道德规范,所以天下不治,也很安定。而周文王时代就不同了,由于前朝的商纣王破坏了社会上尊崇道德的风气,上下颠倒,尊卑混乱,老百姓流亡的流亡,饿死的饿死,周文王要想治理好国家,就必须励精图治。董仲舒又指出,汉朝继承了秦朝暴政留下的许多弊病,就非得大有作为不行,就非得采用孔孟的有为策略不可。

接着汉武帝又问了第二个问题,他说:古代帝王提倡节俭,也不制造彩旗旌旗装饰宫廷。为什么到了周朝,又是歌舞,又是珠玉,讲究尊卑上下,重视文采制度呢?难道说这些古代圣王们也有不同的旨趣吗?俗话说"良玉不琢",真正的玉是不需要再修饰雕刻的,而圣人又说,必须刻意雕饰才能显示出珠玉的光华,这究竟是什么道理?

董仲舒回答说:"良玉不琢"是说天生的美玉,不需装饰,便可见它的丽质天姿。这就像圣人是生而知之一样。但是普通的玉,如果不加以琢磨,就不会有文采光华,这就像平常人不学不能成器一样。治理天下,要使天下人都懂得德行是什么，并且遵照德行来做事，就必须用礼仪制度来教化。因为天下的常人最多，而圣人却是凤毛麟角。所以，黄老道学清静无为在当今世上不能起太大的作用。当今世上最起作用的学问应当是孔孟倡导的儒学。儒学正是治理"常玉"的学派。

第三个问题是汉武帝对现实的困惑，他说，自从做皇帝以来，他劝人们孝敬父母，兄弟之间互相爱护，让人们尊敬有道德的人，向那些勤劳的人学习，并且帮助孤寡的老人、小孩，所做的事没有不是为了将这个国家治理得更好。但是事与愿违，如今天下还有许多人生活困难，这究竟是什么道理？难道说我做得还不够吗？

董仲舒则说，皇上您所做的确实和古代的贤王尧舜差不了多少，天下没有达到大治完全是因为各级当官的没有能力。要解决这个问题，必须重视人才，培养人才，合理地选拔人才。他建议设立太学，培养天下有才能的人，然后从这些人中选拔出英才来。他批评了当时选拔人才的方法，认为选拔那些有钱的、有地位的人家的子弟做官，就不一定是选到了有才能的人，这样，自然会办事不力，耽误国家大事。而且官员的提拔，也只是论资排辈，不考察他的能力是否能够胜任。试想仅靠这样的一批官僚如何能实现天下大治呢？

在第三策里，董仲舒提出了"大一统"理论，他宣扬，天是万物的主宰，皇帝作为天的儿子，代表天统治万民。所有人必须服从。他认为"统一"是天经地义的事，汉朝虽然统一了政治经济，却没有统一思想。他建议统一思想，统一学术，要汉武帝"罢黜百家，独尊儒术"。他指出，为了维护政治的统一，必须先实现思想上的统一。汉武帝采纳了董仲舒的建议，从此儒家学说成为历朝历代的正统思想。儒学深刻影响了中华民族的政治、经济、风俗道德，成为华夏文明的精神核心。

汉武帝虽然非常欣赏董仲舒的学识才干，却没有重用他，只把他打发到远离京都的江都，做诸侯王的丞相。后人曾这样评价汉武帝，说汉武帝是叶公好龙，虽然他喜欢儒家的思想，可他却并不能真正按照儒家的思想主张去治理国家，因而他也不重用像董仲舒这样真正的儒家。他只重用了一个只会阿谀奉承的"假儒"公孙弘。

董仲舒的哲学基础是"天人感应"学说。他认为天是至高无上的人格神，不仅创造了万物，也创造了人。因此，他认为天是有意志的，和人一样"有喜怒之气，哀乐之心"。人与天是相合的。这种"天人合一"的思想，继承了思孟学派和阴阳家邹衍的学说，而且将它发展得十分精致。董仲舒认为，天生万物是有目的的。天意要实现大一统，汉朝的皇帝是受命于天来进行统治的。各封国的王侯又受命于皇帝，大臣受命于国君。家庭关系上，儿子受命于父亲，妻子受命于丈夫，这一层层的统治关系，都是按照天的意志办的，董仲舒精心构筑的"天人感应"的神学目的论，正是把一切都秩序化、合理化，正是为汉朝统治者巩固其中央集权专制制度服务的。

董仲舒的阴阳五行学说，用阴阳的流转，与四时相配合，推论出东南西北中的方位和金木水火土五行的关系。而且突出土居中央，为五行之主的地位，认为五行是天道的表现，并进而把这种阳尊阴卑的理论用于社会，从此而推论出"三纲五常"。这里所说的三纲是"君为臣纲，父为子纲，夫为妻纲"。他认为"道"是源出于天的，"天不变，道亦不变"。即是说"三纲五常""大一统"等维护统治秩序的"道"是永远不变的。那么，如何解释皇位的更换和改朝换代呢？为此，他提出了"谴告"与"改制"之说。他认为统治者为政有过失，天就出现灾害，以表示谴责与警告。如果还不知悔改，就出现怪异来惊骇。若是还不知畏惧，于是大祸就临头了。他认为人的认识活动受命于天，而认识的目的是了解天意。通过内省的途径就能判断是非，达到"知天"的目的。另外还必须通过对阴阳五行的观察,才能达到对天意、天道的了解。正是按照"尽心""知性""知天"的模式,达到"天人合一"。他还认为通过祭祀能与神相沟通,使之能看见一般人所看不见的东西,这样就能知道天命鬼神了。这种认识论达到了神秘的程度。

董仲舒的思想,是西汉皇朝总结历史经验,经历了几十年的选择而定下来的官方哲学,对巩固其统治秩序与维护大一统的局面起了积极的作用。

此外,董仲舒不仅是一个思想家,更是一个教育家。他的教育思想对后世的影响很大。

一方面,董仲舒对统治者强调教育的重要,认为"事在强勉","治乱兴废在于己",只要尽力"行道",那就会"德日起而大有功",就可以收到速效,统治地位就可以巩固。在董仲舒看来,君主的重要职责是实施教化。他认为仁、义、礼、乐都是治道的工具,古代圣王所以能够长治久安,都是礼乐教化的功效,所以王者的职责就在于"承天意以从事,任德教而不任刑","以教化为大务"。由此得知,董仲舒认识到教育作为统治手段的重要作用。

另一方面,董仲舒在他的思想体系中提出了神学化的人性论。他认为人受命于天,人性是从天得来的,他的人性论的政治目的是企图把封建阶级和等级制度看做都是出于天意或天道的,从受之天命的人性中,便决定了谁该做统治者,谁该做被统治者;谁应该高一等,谁应该低一等;谁应该受教育,谁不应该受教育。他认为这种由天命、人性决定的封建秩序是不能改变的。董仲舒提出了性三品的思想,把人性分为上、中、下三等,即圣人之性、中民之性和斗筲之性。他认为上下两种人的性都不能叫做性,只有中等人的性才可以叫做性。这种性三品说的实质是把人区分为三等,是一种由神意决定的阶级论。上等人就是圣人,他们的性不仅生来就是善的，并且是超过"善"的，人类社会"善"的标准和具体内容就是由他们制定出来的。上等人是不多的，只包括统治阶级的最高阶层，包括帝王和那些制礼乐、定法度的当权人物。下等人是指封建社会中最贫苦最"低贱"的劳动人民，他们的性生来就是恶的，根本上不算是人性，简直把他们排挤在人性之外了。圣人生而知之，不必受教育；斗筲之人则是愚昧的，不能受教育的。除了上下两种人以外，其余的都是中民，这指的是地主阶级。中民具有善质，但必须受了教育之后才能成为善性。所以董仲舒的教育对象就是这个中民等级的人，贫苦的劳动人民是排除在教育之外的。董仲舒把中民之性，即把地主阶级的人性当做一般的人性，他所说的性就是指中民之性而言的。他认为性只是质材，它的本身还不能说就是善，必须"待教而为善"。这就是说性只具有教育的可能性，受了教育之后，这种善的可能性才能变为现实性。他说："性比于禾，善比于米，米出禾中而禾未可全为米也；善出性中，而性未可全为善也。……天生民性，有善质而未能善，于是为之立王以善之，此天意也。民受未能善之性于天，而退受成性之教于王，王承天意，以成民之性为任者也。……今万民之性待外教然后能善，善当与教，不当与性。"这就从地主阶级的先天禀赋肯定了地主阶级受教育的可能性，又从地主阶级的政治要求肯定了地主阶级受教育的必要性。他批评孟轲的性善说，认为孟轲既然说人性已善，那就没有教育的必要了。但是董仲舒又认为人同时具有"贪"和"仁"两种性，这又陷入了善恶二元论，这是他企图把孟轲的性善说和荀况的性恶论结合起来的结果。他认为天有阴阳，所以禀之于天的人性也就是有善有恶。他又认为性属阳，是善的；情属阴，是恶的。人生来就具有性和情两个方面，也就是具有善和恶两种性。他以为天道是禁止阴的，所以人也应该"损其欲而辍其情"，这就是说要发展善性而抑止恶情，这种思想为后来宋明理学家所发展而提出了"存天理，灭人欲"的主张。

董仲舒吸取了荀况的性恶论思想,认为万民追求利益就好像水往下流一样,如果不用教化去提防它,就不能停止。他从这一点来强调教育的必要性,并把教育当做防止恶性发展的工具。他甚至认为教育的作用像制陶器和冶金一样,可以随意铸造,把国家的治乱兴废都归于礼乐教化,这又未免夸大了教育的作用。

董仲舒从他的"天人感应"学说出发,认为人心和天心是相连的,"天命"是人的认识能力的泉源。他的认识论是唯心主义的、神秘主义的。他认为真正的知识不是"众物"的知识,而是要知道事物的"本心";要体察事物的本心,那就只有依靠"内视反听"的内省方法。他认为天有阴阳,人也有阴阳,可以互相呼应。因为天与人之间可以"同类相动",人的内心有什么想法,天就会以类相应,所以人想求雨,天就会下雨,因此通过人的内省和直观就可以体认事物的本质。他以为"名"就是"真",因为"名"是取之于天的。因此,"名"就是人们所要认识的真理,也就是人们学习的对象。而"名"是由谁制定的呢?是由圣王体会天意而制定的。他们制定的这套"名",就是诗、书、礼、乐及封建道德,这些知识就是应该学习的内容,至于自然知识那是不应该学习的。他说:"能说鸟兽之类者,非圣人所欲说也。圣人所欲说,在于说仁义而理之。……不然,传于众辞,观于众物,说不急之言,而惑后进者,君子之所甚恶也,奚以为哉?……故曰:呜呼,为一人师者,可无慎耶?"可见董仲舒所要求学习的只是圣人所说的仁义等内容,至于有关"众物"或鸟兽之类的自然知识,那是不应当学习的。

董仲舒要求学习儒家的"六经",他说:"《诗》《书》序其志,《礼》《乐》纯其美,《易》《春秋》明其知。"但他又认为"六经"各有所长,《诗》长于质,《礼》长于文,《乐》长于风,《书》长于事,《易》长于数,《春秋》长于治人,所以学者应"兼其所长",不要"偏举其详"。这种"兼其所长"的教学观点是可取的。

在学习上,他还提出了"多连"和"博贯"的方法。他认为只要"连而贯之",就可以推知天下古今的知识。这是一种唯心主义的方法论。但是连系和贯通,在一定条件下,在一定范围内,在教学上往往可以用来加强理解,融会贯通。在学习范围上,他认为不能太博也不能太节,太节就会使得知识暗昧,太博又会使人厌倦。这种思想也有一定道理。

董仲舒要求教师尽量达到"圣化"的境地,"善为师者,既美其道,又慎其行;齐时早晚,任多少,适疾徐;造而勿趋,稽而勿苦;省其所为,而成其所湛,故力不劳而身大成,此之谓圣化,吾取之。"他从要求教师以身作则开始,进而论及教学应该适时,应该注意受教育者的才性,要能从容引导,不急不缓。比较符合教学规律,这是孔子因材施教、循循善诱教学原则的具体发展。

总的说来,董仲舒在新的历史条件下复兴了被扼杀达百余年之久的儒家文化,并在一个新的历史时期融会贯通了中国古典文化中各家各派的思想,把它们整合为一个崭新的思想体系,对后世产生了极为深远的影响。

不信鬼神的王充

东汉的一位哲人写了一部奇书，叫做《论衡》。说它是奇书，并不是说它的内容稀奇古怪，而是指它是一部流传不朽、影响至深的伟大著作。这部书的作者就是王充。

王充，字仲任，会稽上虞（今浙江上虞）人。王充祖籍是魏郡元城（今河北大名），系元城王氏之后。王充的祖上"几世尝从军有功"，骁勇善战，后被封到会稽阳亭（具体位置及辖域现已不可考，一说湖州，一说义乌，但位于江浙一带是肯定的），因此王充祖上由燕赵之地迁居秀水江南。有封邑奉养、有爵位功勋，加上朝中有人荫蔽，迁居江南的王氏家族很快就成为当地一方大户。可惜好景不长，长期以来养成的豪门习气改变了这个家族的命运，最后王充祖上丢掉了爵位和封地，成为以农桑为业的普通人家，家族也从此走向衰落。

燕赵之地向来风行任侠之气，由河北南迁而来的王氏家族也还保留着这种彪悍的作风，军功起家使他们更加肆无忌惮，平日里飞扬跋扈，仗势凌人，乡亲们敢怒不敢言。在家道破落之后也不知道收敛，依旧横行乡里，遇到灾荒之年，又干些杀人越货的勾当，结果仇家越来越多，一家人惶惶不可终日。在王充祖父王汎的时候，正逢上西汉末年天下大乱，官府已不再干涉民间用武力解决私怨，为了躲避仇家的抓捕，他丢弃几近精光的祖业，率全家迁居到会稽钱塘县（今浙江杭州），靠经商糊口。王充父辈有二人：长子王蒙，次子王诵，王诵即王充的父亲。搬到钱塘县的王家兄弟又犯上了祖上的老毛病，斗气逞勇比其先辈有过之而无不及，到处欺负别人，大耍无赖，后来与当地一个丁姓豪强结怨。几番争斗下来吃了不少亏，遂又举家仓皇出逃，落户上虞章镇。在王家迁居上虞后不久，王诵迎来了长子的诞生，他就是王充。而此时王家已十分穷困，"贫无一亩庇身"，"贱无斗石之秩"。大约王充十岁时父亲去世，他成为了孤儿，家族顶梁柱的倒下使王充家庭更趋残破。尽管境况如此，王充却有着高远的志向。他凭着聪颖的头脑，刻苦学习，专心研读，后来竟进入京城，考入太学，拜当时著名的学者班彪做老师。

王充生活的那个时期，鬼神观念十分盛行。造成这一现象的原因主要有两个。首先，由于当时落后的文化观念，芸芸众生对自然界的怪异现象迷惑不解，总是用鬼神来解释，结果造成了整个社会对鬼神膜拜的气氛。其次，东汉时代，儒家思想在意识形态领域里占支配地位，但与春秋战国时期所不同的是儒家学说被打上了神秘主义的色彩，掺进了迷信成分，使儒学变成了"儒术"。而其集大成者并作为"国宪"和经典的是皇帝钦定的《白虎通义》。这无疑使迷信活动越来越猖獗。王充历经艰苦，深悉下层人民的疾苦，由此养成了唯物唯实的理论风格，他经过几年呕心沥血的努力，写出了《论衡》，意在权衡各种理论的真伪，揭穿一切虚假的谎言。因此，它是古代一部不朽的唯物主义的哲学文献。正因为《论衡》一书，反叛儒家正统思想，故遭到当时以及后来的历代封建统治阶级的冷遇、攻击和禁锢，将它视之为"异书"。

《论衡》凝聚了王充许多智慧的闪光点，通过富于巧智的辩驳，解释了不少自然现象中令人迷惑不解的谜团，同时也反击了现实生活中的鬼神迷信思想。

每逢夏天下雨时，浓云密布，雷电交加，而且经常发生雷电击死人畜的恐怖事情。有人说："瞧，天公发怒了，这人准是做了亏心事，才遭了报应。"真会有天公吗？天公真会惩恶扬善吗？王充根本不相信这些妄言。

有一次，一个在树下避雨的人被雷电击死了，王充听到后，马上赶到出事地点，要亲自察看一下雷电击人的真相。因为他一直想用自然本身的道理来解释雷电击死人的现象。凭着经常的观察，他已发觉雷声隆隆，电光闪闪，很像是火。当他亲眼看到雷电击死人的惨相时，就不再相信是神道的报应了。只见那人的头发烧焦了，皮肤烫黑了，周围的房屋和草木也被烧坏了。他对人说："人被雷击死是被天火烧死的，这是碰巧的事，根本不是什么雷公惩罚。要知道，打雷闪电是自然发生的，雷就是火呀！夏天阳气很盛，下雨的时候，阴气出来，阳阴二气'分争'，阳气受激就放出火来。"

当然，王充的这番解释只是凭着一个哲学家的智慧，运用哲学的术语，尽量用自然的道理来解释自然。真正对雷电的解释还是19世纪乃至今天的自然科学。雷电是由阴电和阳电相激而生的，而能够将人击死的是一种至今颇为神秘的球状闪电所为。

王充已看破了天能赏善罚恶说的自相矛盾。他指出，要是说下雨是老天高兴,打雷是发怒,那么天下雨的同时又打雷,这不就是天又喜又怒,天公怎能又喜又怒呢?

王充还讲了天是如何下雨的,他的看法很接近科学。他说:"雨根本不是上天降下来的,反倒是从地上升上去的。因为雨是地气上蒸的结果。地气到空中凝聚成云,云又凝成了雨。夏天,天热降雨;冬天天冷,雨在空中凝成雪,所以,无论雨雪,都是地气上蒸所产生的。"

"天雨谷"是一种怪异现象。普通老百姓对此都困惑莫解,王充运用自己的唯物理论作了合理解释。王充说,有时候天上掉下来谷子一样的草籽,有人说这是"天雨谷",实际上这不过是草籽被一阵大风卷起来,又飞落在另外的地方。这和烧山的时候,山上树叶随风飞落在各处的现象是相似的,没有什么可奇怪的。

王充用唯物主义"元气论"解释自然现象,目的是要破除鬼神迷信观念,然而破除鬼神迷信观念,不仅要解释自然中的怪异现象,而且要令人信服地解释人世间的鬼神观念、鬼神传说、鬼怪佚闻。

东汉是一个谶(chèn)纬迷信十分猖獗的时期。许多人都相信,人死了,人的灵魂就变成了鬼。有人还说自己真的见过鬼,说鬼的样子和穿戴跟人活着时候一模一样。

王充对于这类信口编造的鬼话自然是一戳就破。他说:"你们说一个人死了,他的灵魂能变成鬼,难道他穿的衣服也有灵魂,也变成了鬼吗?照你们的说法,衣服是没有精神的,不会变成鬼。如果真的看见了鬼,那它该是赤身裸体,一丝不挂才对,怎么还穿着衣服呢?"

王充还提出这样一个设想。他说,从古到今,不知有几千年了,死去的人,比现在活着的人不知多多少,如果人死了就变成鬼,那么在路上到处是鬼了。人要是能看见鬼,就该看到几百万、几千万,满屋子满院子都是,连大街小巷都挤满了鬼。可是,有几个人见过鬼呢?而且,那些说见过鬼的人,说鬼的模样也大都和人差不多。

王充不信神,不信鬼,不信邪,他只坚持他的唯物"元气论"。他认为天地间万事万物都是由元气构成的,并不存在什么有意志的老天爷,元气是客观存在的物质的东西。王充用"元气论"解释自然及社会的现象,提出许多能够启迪人们思维的论断。王充之所以能够对抗一切鬼神迷信观念,多亏了哲学的功用。哲学是世界观,有了正确的世界观,就不会轻易地相信别人的话,而是能够运用哲学所提供的思维方法,去推断真假。王充的哲学思想和他的"元气论",在他的《论衡》中有着明确的论述。

为什么王充本人和他的《论衡》总是遭到当时汉儒学者的排斥呢?主要原因在于,汉儒思想体系是董仲舒提出的唯心主义哲学思想,其核心是"天人感应"说,由此生发出对其他一切事物的神秘主义的解释和看法。"天人感应"的要旨就是"天帝"有意识地创造了人,并为人创造了"五谷万物";有意识地生下帝王来统治万民,并立下统治的"秩序"。然而《论衡》书从宇宙观上反对这种见解,针锋相对地提出:天地万物包括人在内都是由"气"构成,"气"是一种统一的物质元素。"气"有"阴气"和"阳气",有"有形"和"无形",人、物的生都是"元气"的凝结,死灭则复归元气,这是个自然发生的过程。由"气"这个物质性的元素出发,《论衡》指出"天乃玉石之类"的无知的东西,万物的生长是"自然之化"。天地、万物和人,都是由同一的充塞于宇宙中的气形成,而且是在运动的过程中形成,所以,"外若有为,内实自然"。而人与天地、万物不同的是"知饥知寒","见五谷可食之,取而食之;见丝麻可衣,取而衣之"。所以,人和五谷不是上天有意创造出来的,而是"气"的"自然之化"。《论衡》首先从宇宙观上否定了"天人感应"的"天",还世界的物质性面貌。不过,《论衡》一书中所描述的宇宙观,是一种自然主义的宇宙观:"天地合气,物偶自生也","及其成与不熟,偶自然也"。所以,这种宇宙观只能是人能利用自然,辅助"自然之化",但终究不得不听命于自然力的支配。这是古代唯物主义的最大缺陷。

"天人感应"的"天"既造出了人,那么第二点就要降下帝王来统治人,因此就要把君权神化。他们提出了一种"符瑞"说,即把一些想象的和自然的事物,如龙、麒麟、凤凰、雨露、嘉禾、芝草等等,称之谓帝王的"受命之符"。如:夏的祖先是其母吃了一种叫做"薏"的草生下的,商的祖先是其母吞吃了燕子的蛋而生的,汉高帝刘邦是其母在野地里和龙交合而生,东汉光武帝刘秀是生而室内有光等等。《论衡》书针对这种荒唐之言指出:"薏""燕卵"根本不能生人,龙与人也不是同类,"不相与合者,异类故也"。"天地之间,异类之物相与交接,未之有也","何则?异类殊性,情欲不相得也"。所以,要同类的东西才能交合。人都是由父母生的,帝王亦不例外,所谓"圣人更禀气于天",乃是"虚妄之言",不足相信。既然天、人、物三者不是同类,不能相合,那么与"符瑞"也就毫不相干了。

《论衡》书中关于物种交合和生产的说法虽然谈不上是科学的知识,只是一种直观的自然描述,但这种直观的观察都是很真切的。而且,这种见解需要极大的理论胆识,因为他把帝王赤裸裸地搬到了地上,这是"非圣无法""诽谤圣朝"之罪,是要遭杀身灭门之祸的。所以,王充及其《论衡》的伟大之处也在这里。

此外,汉儒的"天人感应"说在社会历史观上就是"天人合一"的"道统"观。如果统治者取得了这个"道统",即奉天受命,并有足够的"德教"力量维护这个"道统",社会就太平。如果统治者没有足够的"德教"力量维护这个"道统",社会就变乱,新的统治者就取而代之,并把这个"道统"重新延续下去。这样,"天不变,道亦不变"的社会观和"一治一乱"的历史循环论便独特地结合到了一起。这种社会历史观的实质就在于"同姓不再王",世界上没有万世一系的帝王,但统治阶级的对万民的统治却是万古不变的。《论衡》对这种社会历史观持批判的态度。它认为社会治乱的原因是寓于其本身之中,而不在于"人君"的"德""道";"世之治乱,在时不在政;国之安危,在数不在教。贤不贤之君,明不明之政,无能损益"。而自古而然的"一治一乱"同样是自然的现象,不是取决于"上天"或人的意志。

《论衡》是从自然主义的唯物论出发来论述社会历史发展的。从其承认客观物质的力量来说明社会历史是个不以人的意志为转移的客观发展过程,否定"天"和"人君"是历史发展的力量,否定"德"和"道"及"天不变,道亦不变"这一点上来说是正确的。但其把社会历史的发展过程归结到"时"和"数"上,认为是一种盲目的自然力量在起作用,否定了一定社会的阶级、集团和个人在社会历史发展过程中的作用,这显然是不正确的。因此,《论衡》中的社会历史论述是带有唯物主义因素的自然宿命论的社会历史观。

《论衡》不仅对汉儒思想进行了尖锐而猛烈的抨击(但它并不完全否定儒学),而且它还批判地吸取了先秦以来各家各派的思想,特别是道家黄老学派的思想,对先秦诸子百家的"天道""礼和法""鬼神与薄葬""命""性善和性恶",等等,都进行了系统的评述。因此,后人称《论衡》是"博通众流百家之言"的古代小百科全书。

尽管在王充的思想中,也包含有宿命论等唯心主义的糟粕,他对一些自然科学问题的见解也不尽正确,甚至落后于与他同时代的人;《论衡》也不可能摆脱当时时代的局限,用自然主义和直观的观察来描述世界,特别是在社会历史观上基本是唯心论的。但王充和他的著作身处于中国历史上的一个重要历史时期,即封建国家处于统一和强大,儒学与谶纬神学相结合、成为统治阶级的正统思想的时期,他敢于宣布世界是由物质构成的,敢于不承认鬼神的存在,敢于向孔孟的权威挑战,并确立了一个比较完整的古代唯物主义体系,这在历史上是起了划时代的作用的。这对今后的唯物主义者、无神论者,诸如魏晋时期的哲学家杨泉、南朝宋时的思想家何承天、南朝齐梁时的无神论者范缜、唐朝时期的刘禹锡和柳宗元、明清之际的思想家王夫之等等,都产生了不同程度的影响。同时,在同"天人感应"和各种迷信思想的斗争中,王充所应用的科学武器涉及到天文、物理(力、声、热、电、磁等知识)、生物、医学、冶金等领域,这反映了王充有关于科学技术的渊博知识,更反映了当时科学技术的发展水平。王充的思想,代表着当时人们要求从实际出发,探索自然界发展规律的社会要求;又由于生产的发展,人们获得越来越多的感性知识,这就要求突破旧的思想的束缚,开拓科学技术发展的新道路。王充唯物主义思想体系的建立,是这一时代的产物,它确实为新道路的开拓提供了锐利的武器。

嵇康的"魏晋风度"

"**魏**晋风度"反映了魏晋时期知识分子特有的精神风貌。那个时期的一些中上层知识分子标榜一种放任怪诞的生活作风,他们饮酒作乐,与自然融为一体,把做官论道看做是世俗之举,有的出言无忌,有的醉卧人生,有的装疯卖傻,有的赤膊打铁,完全看不出他们是一群胸怀大志却又郁郁不得志的才子。他们的故事后来被编入了《世说新语》中,流传百世。

在这些人中,最著名的要数"竹林七贤"。他们是阮籍、嵇康、山涛、刘伶、阮咸、向秀、王戎。这七人常常聚集在竹林中,过着隐居清淡的生活。他们都是有知识、有才能的人,为什么不热衷于仕宦功名呢?这主要是由于当时的社会太黑暗,官场的倾轧、斗争太激烈,使得许多有识之士都灰心丧气,不敢谈论政治。他们也有深刻的思想和见解,但都不敢正面吐露,唯恐招来杀身之祸。

嵇康就是一个最明显的例子。

嵇康幼年丧父,母亲和哥哥把他抚育成人。后来,嵇康和曹操的曾孙女结婚，这样就和曹魏皇室有了姻亲关系。这也是他后来被杀的一个重要原因。

青年时的嵇康不喜欢儒学，却崇尚老子和庄子的学说。这其中的客观原因是，儒学在东汉末年堕落为名教经学，变得荒诞不经又支离破碎，不能使人信服。而老子和庄子的学说没有被后人神圣化，也没有多少思想上的禁锢，很容易自由地发挥自己的思想。

当时，曹魏政权在魏明帝曹睿死后，由皇室权贵曹爽和司马懿共同辅佐8岁的曹芳做皇帝。以曹爽为代表的曹氏集团和以司马懿为代表的司马氏集团互相倾轧，正酝酿着一场争权的风暴，事态发展不可捉摸，一些上层人物都有一种"常畏大罗网，忧祸一旦并"的惶恐，也就是说，不一定哪一天，忽然一张大网当头罩下，忧虑和灾难合并为一了。在这种人人自危的局势下，嵇康的情形也不妙。所以他喜欢老庄，既有避开政治旋涡，清静无为的思想，也有排斥经学礼法，暗暗对抗司马氏集团的意图。

后来司马懿果然发动政变，杀曹爽、何晏等八族，控制了曹魏政权。嵇康是曹魏皇室的亲戚，为了躲避迫害，丢弃官职，隐居在竹林中，有时饮酒数日不醒，有时和朋友弹琴吟咏。

"竹林七贤"中各人的志向并不相同。随着政治斗争形势发展的明朗化，司马氏对异己势力迫害的加重，他们便很快分化了。山涛、王戎不久都做了司马氏的官，连阮籍也迫不得已做了司马氏的从事中郎。

　　嵇康并没有屈服，他写的《管蔡论》为起兵反对司马氏失败的毋丘俭辩解，以及反对司马氏假礼法的《难自然好学论》；他写的《与山巨源绝交书》，既驳斥了山涛附炎权贵的卑鄙，也揭露了以儒经礼法为幌子，以禅让来欺世盗名的司马昭的真实面目。

　　后人认为，嵇康的《与山巨源绝交书》被认为是历史上第一篇真正体现文人独立性格的讽喻佳作，嵇康"师心以遣论"，敢于提出问题，大胆发表自己的见解，文风犀利。在一千八百多字的篇幅中，与其说嵇康在羞辱山涛，不如说是在羞辱司马氏集团残暴虚伪的统治。对这篇《与山巨源绝交书》，后人还有一种说法，认为嵇康这么做是因为想要保全山涛，因为当时的统治者，已经对嵇康的不合作态度十分不满意，而山涛又是嵇康的朋友，所以嵇康这么做就会让他们认为山涛和嵇康没有关系了，这样山涛也可以不必担心什么了。这是嵇康甘愿为朋友牺牲的一个例子。而在嵇康临死之前，他没有把自己的一双儿女托付给自己的哥哥嵇喜，也没有托付给他敬重的阮籍，而是托付给了山涛，并且对自己的儿子说："山公尚在，汝不孤矣。"在嵇康死后，山涛对待嵇康的儿子就像对待自己的儿子一样。山涛没有辜负嵇康的重托，一直把嵇康的儿子养大成才。山涛和王戎，在嵇康被杀害之后，对嵇绍一直都特别的照顾。他们尽到了朋友应尽的道义与责任，使得这个孤弱的孩子，即使失去了父亲，却还拥有他们慈父般的关怀与教导，这就是成语"嵇绍不孤"的由来。如此说来，这种说法还是有一定道理的。

　　嵇康的哲学思想是"越名教任自然"，主张排斥名教，也就是儒教礼法，崇尚自然无为，也就是老子庄子的思想。在嵇康的大半生中，目睹了司马氏在篡权过程中，一会儿用"不敬"的罪名诛杀异己，一会儿又用"不孝"的罪名废弑曹氏皇帝，名教成了他们篡权的工具。司马氏集团的人物如钟会、何晏，他们开口就谈仁义，行为却十分卑鄙无耻。嵇康在政治上反对司马氏，在思想方面，也反对提倡虚伪的名教。他认为儒家经典和礼法制度都是束缚人性的，是与人的自然本性相对立的。他还认为，社会上存在虚伪和欺诈，都是假仁义道德造成的，名教是一切罪恶的根源。他憧憬淳朴的古代社会。

当然，嵇康并不是一个历史退化论者，他是要用古代淳朴的理想社会来批判揭露现实社会的黑暗罪恶。他渴望的理想社会是：君主不残暴自私，不过重地剥削人民，家家过着富裕的生活，和睦安乐。这正和老子、庄子所幻想的社会相同。嵇康也并不是完全反对仁义道德。他认为仁义有两种，一种是人为的，是某些统治者为了某种目的进行欺世盗名的手段，应该摈弃；另一种是人本性中的善良，比如父慈子孝，兄弟朋友友爱，全社会团结和睦，这是自然的感情流露，是社会必须有的道德情感。

嵇康曾写过一篇哲学论文叫《声无哀乐论》，通过对声音的论述，表达了他朴素的唯物主义自然观。这篇文章，在今天看来，虽然存在着许多缺陷和错误，但也有一些独到的见解和一定的价值。

嵇康认为人的情感和声音是两种不同的东西，声音是客观的，只有好听和不好听的区别；人的感情则有悲哀或者快乐的区分，它是主观的。把感情和声音分别开，虽然会得出宇宙自然独立于人们的意志之外的结论，但也存在着否认音乐的社会性的错误。

一个人的思想总是和一个人的行为紧密地联系在一起。嵇康的思想价值主要在于批判和揭露，尽管存在着某些不足，却是难能可贵的。特别是他那种威武不能屈的气魄，正是他的精神思想的表征。

吕巽、吕安两兄弟都是嵇康的朋友，但这俩兄弟突然间闹出了一场震惊远近的大官司。吕巽见弟媳徐氏貌美，乘吕安不在，指使其妻用酒把弟媳灌醉，将其奸污。事发后，吕安欲诉之于官。吕巽急忙请嵇康从中调停。嵇康因与二人的关系非同一般，遂应吕巽之请，出面调停，把这件事情按了下来。可是，事后吕巽却倒打一耙，恶人先告状，说吕安不孝顺，竟然敢挝母亲之面。有口难辩的吕安想到了他心目中最尊贵的朋友嵇康。嵇康拍案而起，写下了《与吕长悌绝交书》，痛骂吕巽一顿。他想通过绝交来表白自身的好恶，他也想通过绝交来论证朋友的含义。后来吕安入狱，嵇康义愤，出面为吕安作证，触怒大将军司马昭。此时，与嵇康素有恩怨的钟会，趁机劝说司马昭，将吕安、嵇康都处死。嵇康临刑前，三千名太学生联名上书，求司马昭赦免嵇康，并让其到太学讲学，但并未获准。

公元262年，嵇康在洛阳东市被杀。临刑时，他从容自若，神气坦然。他问哥哥说："琴拿来没有？"哥哥说："拿来了。"嵇康调好弦，弹了一曲《广陵散》，并说："曾经有人要我教他这个曲子，我没有答应，只可惜从此以后这首《广陵散》要永绝后世了。"言外之意，正义被杀，恐怕后继无人了。

说到《广陵散》，有这么一则故事：嵇康曾到洛西去游览，晚上宿于华阳亭。清风皓月，嵇康兴致一来，就在院子里弹琴。忽然，外头走进一位古装打扮的客人，来跟嵇康谈论音乐。二人侃侃而谈，这位不速之客谈起音乐来条理清楚，见解深刻，使嵇康既惊讶又佩服。客人谈得高兴了，就要过琴来弹奏，只听这曲子刚劲有力、感人肺腑，越听越令人慷慨激昂。客人弹完曲子，告诉嵇康，此曲名叫《广陵散》，表现的是聂政为父报仇刺杀韩王后自刎而死的悲壮故事。嵇康听后很感动，再加上他觉得此人所弹出的声调无人能及，于是就向客人求教。客人并不拒绝，一遍一遍地教。待他确信嵇康已学会之时，就要求嵇康发誓不传给别人。嵇康指天发誓后，客人连姓名也未留就走了。嵇康学会《广陵散》后，经常弹奏它，以致招来许多人前来求教。

范缜与《神灭论》

范缜出生于南阳舞阴(今泌阳县羊册镇古城),出身于士族家庭,为东晋安北将军范汪的六世孙。南阳范氏进入南朝后开始衰落,几乎无人有高官显爵。范缜的父亲,在范缜生下后不久就病故,故范缜自幼家境贫寒,与母亲相依为命,并以孝谨闻名。他刻苦勤学,学业优异,卓越不群,他的老师刘瓛因而十分喜爱他,亲自为范缜行加冠礼。刘瓛在当时学术地位很高,门生大多是所谓"车马贵游"的权势子弟,锦衣玉食,狂妄自大。范缜在从学的数年中,经常穿布衣草鞋,上下学都是步行,但却并未因此自卑自愧。相反,他生性倔犟耿直,不肯向权贵低头,敢于发表"危言高论",同窗士友都畏他三分,因而他也受到众人的疏远和冷落。他成人后,博通经术,对于《三礼》有特殊的造诣。在诸多的士人中,他只与外弟萧琛志趣相投,结为好友。萧琛以能言善辩闻名,也每每为范缜的言简意明、通达要旨的议论所折服。但是在刘宋时期,范缜却很不得志,他的聪明才智和满腹经纶无处施展。怀才不遇的痛苦无时无刻地煎熬着他,使他未老先衰,在二十九岁时就已发白皤然,遂写下了《伤暮诗》《白发咏》,以抒发内心的愤愤不平,寄托自己不屈服厄运的志向。萧齐禅代刘宋后,范缜的命运有了转机。他当上了尚书殿中郎。齐武帝永明年间(公元 483 年—493 年),萧齐与北魏和亲通好,范缜曾作为使者出访北魏,他渊博的知识和机智敏捷的头脑,博得了北魏朝野的尊重和赞叹。

佛教传入中国是东汉的时候。这种外来的文化一开始并不受中国人的欢迎,东汉的朝廷曾规定汉人不许出家。而且正统儒家学者都极力排斥佛教，限制它的传播蔓延。可是，到了两晋南北朝时期，情况就发生了根本性的变化。佛教在南北朝时期，发展到了全盛时期。当时的京城建康（南京）就有佛寺七百多所，和尚、尼姑有十多万人，修佛寺、造佛像，浪费了大量人力、物力，更加重了人民的负担。唐朝诗人杜牧曾有两句诗讽刺这种侈靡，"南朝四百八十寺，多少楼台烟雨中"。可见到了唐朝，寺院已经减去不少。

佛教能够在南北朝时期鼎盛，一个重要原因是它得到了统治者的极大支持。南朝的梁武帝是一个信佛的皇帝，他定佛教为国教，要王公百官都信佛。而且他本人曾四次到寺院里舍身为奴，表示虔诚信佛，文武百官只好四次将他从寺院里赎回来，这四舍四赎无形中被和尚尼姑们讹诈了大量金钱，而这些金钱全都是老百姓的血汗。

齐朝皇帝齐武帝的儿子萧子良也是一个大名鼎鼎的佛教徒，他喜欢结交和尚，还亲自给那些和尚送饭捧茶，可谓是礼佛之至。他特别爱听和尚讲佛教经典，经常召集王公大臣、名流学者们听和尚讲经说法。

这一天，萧子良正在举行一次宴会，在座的是僧俗各界的名人。宴会结束后，萧子良便摆上讲坛，请高僧讲解佛经。宣称人之所以能够说话、思想，是因为有"神"附在人身上，这"神"就是灵魂，每个人的灵魂是不会死的，人死了，身体腐烂了，而灵魂却依然存在，这叫做"神不灭"论。还讲了一大堆"因果报应"说，如果一个人在前世做了坏事，他的灵魂就会投到一个贫苦人的肉体中，让他受苦受难，惩罚他前世的恶行。如果他前世善做好事，今生就会投胎到富贵人家，锦衣玉食，享尽人间乐趣，以奖励他前世的善行。还说，一个人生前信佛拜佛，为寺庙捐钱，死了就能上天堂。如果他不但不捐钱，还藐视佛法，诋毁佛，那他死后就要下地狱。

萧子良和那些达官贵人听得心花怒放，和尚这番话，不正是证明了他们是前世的大善人吗？否则哪来今生穷奢极欲的享乐？他们信佛，将来还能够升入天堂。而那些老百姓受苦挨饿，也只能怪他们前世为恶，今世遭了报应，又能怪谁呢？

可是在座有一位客人却不以为然，露出一脸的不屑之色。萧子良见是范缜，心想这个人向来自以为是，今天倒要看看你在这佛法面前有什么神通，便大声问道："范缜，你认为法师讲的不对吗？"范缜微微一笑，说："法师讲的，我不知道理何在。我只知道一个人的身体和灵魂是不能分开的，人死如灯灭，有了形体才有灵魂，人死了，身体腐烂，灵魂自然也没有了，正像灯在亮的时候，有光芒闪烁，灯灭了，光芒就不在了，怎么能说灵魂不死呢？"

这番话说得萧子良恼怒异常，不过他觉得范缜的话还不好反驳，就又质问道："那你就给我解释一下，如果没有因果报应，为什么这世上有人天生就富贵，有人却是天生贫贱，有人享福，有人受苦呢？"

范缜听了，丝毫不觉得为难，兴之所至，他手指庭院里盛开的花树，说道："你们看，人生就像是这树上的花儿，有的被风吹进屋里，落在漂亮的坐垫上；有的飘过篱笆，落到粪坑里。难道说花也有行善作恶之分吗？这完全是偶然的。像殿下您，生在皇族，享尽人间富贵，正好比是飞进屋里的花儿；而我范缜，出身贫苦，一生不幸，就像落在粪坑里的花儿。你富贵，我贫贱，只不过是遭遇不同，怎么就说是因果报应呢？"

范缜的一番话驳得萧子良哑口无言，在座的人也都鸦雀无声，眼睁睁着范缜飘然离座而去。

范缜反驳萧子良后，萧子良很不服气，又召集了许多和尚反驳范缜的言论，但是都没有驳倒他。于是，萧子良让王融对范缜进行威胁利诱。

王融对范缜说:"像你这样有才华的人,不怕得不到中书郎这样的高官,但你为什么要发表这样违背潮流的议论呢?我真为你惋惜。你应当赶快收回你的议论。"范缜听了,大笑道:"要我范缜卖论取官,那我现在已是尚书令和仆射了,何止是中书郎呢?"

还有一个叫王琰(yǎn)的也对范缜的言论进行攻击。他说:"范先生啊,难道你不知道自己的祖先在哪里吗?"意思是,人的灵魂是不死的,你祖先死了,但他的灵魂仍然存在,如果你否认你祖先灵魂的存在,那就是对祖先的不敬,是不孝,而不孝则是个很大的罪名。

范缜哼哼冷笑着说:"如果你王琰知道自己祖先的神灵在哪里,为什么不去杀身致死,随侍在祖先身侧,去尽你的孝道呢?"一番话说得王琰张口结舌,无言以对。

为了更好地驳斥投胎转世、因果报应的迷信,范缜运用自己的学识,根据对现实的观察体认,写了一篇文章叫做《神灭论》,与"神不灭"论针锋相对。

范缜在《神灭论》一开始就提出了"形神相即"的观点。他说:"形即神也,神即形也。"所谓"形"是形体,"神"是精神,"即"就是密不可分。范缜认为,精神与形体不可分离,形体存在,精神才存在;形体衰亡,精神也就归于消灭。在范缜看来,形体和精神是既有区别又有联系的不能分离的统一体,即两者"名殊而体一",或曰"形神不二"。

范缜在"形神相即"、"不得相异"的基础上,进一步提出了"形质神用"的著名论点。他写道:"形者神之质,神者形之用,是则形称其质,神言其用,形之与神,不得相异也。"即认为形体是精神的质体,精神是形体的作用;两者不能分离。他打了一个恰如其分的比喻说:"神之于质,犹利之于刃;形之于用,犹刃之于利。利之名非刃也,刃之名非利也;然而舍利无刃,舍刃无利,未闻刃没而利存,岂容形亡而神在?"这就是说,精神与肉体之间的关系,就好像刀刃与刀刃的锋利之间的关系,锋利指的不是刀刃,刀刃指的也不是锋利。然而,离开刀刃也就无所谓锋利,离开了锋利也就无所谓刀刃。既然从未听说过刀刃没有了而锋利还存在的,怎么能说肉体死亡后而精神还能存在呢?这就有力地证明了精神对形体的不可分割的依赖关系。范缜对"质"和"用"的范畴也给予了深入浅出的论证。他提出,不同的"质"有不同的"用",而且精神作用只是活人的特有属性,宣扬佛教的人以树木和人为例,说人和树木同是质体,但人有知觉,树木则没有,可见树木只有一种性质,人有两种性质,所以人的精神可以离开形体而独立存在。范缜反驳说:"人之质,质有知也;木之质,质无知也。人之质非木质也;木之质非人质也。安有如木之质而复有异木之知?"所以,质的不同,决定了人的"有知"和木的"无知",即特定的质体具有其特定的作用,不可混为一谈。同时,范缜还从发展、变化的观点阐述了质与用、形与神之间不可分割的关系。他驳斥了佛教徒对"生形"与"死形"、"荣木"与"枯木"之间区别的故意混淆,说:"生形之非死形,死形之非生形,区已革矣!"人从生到死,术从荣到枯,形体发生了根本的变化,所以质的作用也随之而变化。所以,随着人的死亡,精神活动也停止消失了。

范缜不仅指出了"用"随"质"变,而且辩证地认为物体的变化有其内在的规律性。如人的生死,必是先生后死;木的荣枯,必是先荣后枯,顺序不可颠倒。他还认为,事物的变化有突变和渐变两种形式。突然发生的事物,如暴风骤雨,必然突然消失;逐渐发生的,如动植物,必然逐渐消灭。故他总结为突变和渐变是客观事物自身的发展规律。

范缜在对形神关系作深入探讨时,还把人的精神活动分为互相连接的两个阶段,把人的生理器官看作是精神活动的物质基础。所谓精神活动的两个阶段,即一是"痛痒之知"(感觉),二是"是非之知"(思维);两者的区别是"浅则为知,深则为虑";两者又是属于一个人的精神活动的整体之中,即"手足虽异,总为一人;是非痛痒,虽变有异,亦总为一神矣"。他认为,口、眼、耳、鼻、手足担负着不同的感知职能;由于科学水平的限制,他还不了解大脑的作用,错误地认为"是非之虑"由"心器所主"。范缜在神灭论的最后部分,写道:"佛教损害了国政,僧尼败坏了民俗。佞佛如同骤起的狂风迷雾,弛荡不休。我有感于这一弊端,渴望拯救沉溺于佛教的人们。为什么人们都要倾家荡产去求僧拜佛而不肯去接济亲友、抚恤贫困呢?这是由于佛教重于利己而轻于济世。所以佞佛之人在穷亲贫友相求时,都不肯解囊相助,而是斤斤计较,吝啬已极,但却将千万资财贡献佛寺,献媚求欢于僧尼。岂不是在于从僧侣那儿可以捞取好处,而在亲友身上却无油水可榨;加上拜佛虽破费钱财,还可以获得周急积善的美名。人们又受到佛教种种虚诞说教的迷惑、引诱、恫吓和欺骗,纷纷摈废礼教而遵从佛法,家家不讲孝悌,人人不行慈爱。致使兵源短缺,官府缺少办事的官吏,土地荒芜,粮食乏匮,而僧寺佛塔却耗费了无数钱财,奸佞不法之徒层出不穷,人们仍粉饰太平。正由于这样,佛教的危害和弊端是无限的。我认为人们应秉承自然天性,行自我修养,于有若无,来者不拒,无亦不求,人人各守其职,各安天命。小人甘愿躬耕于田亩,君子保其恬和朴素的本性。这样,种田打粮,粮食将取之不尽;养蚕织衣,衣服将用之不竭;百姓用衣食之余奉献君主,君主以无为而治天下。欲使人民昌盛,国家强大,君主权重,必须采用此道。"

　　范缜发表《神灭论》的时候,正是梁武帝在位。他的文章在社会上掀起了轩然大波。梁武帝也感到很恐慌。他指使大臣曹思文等64人,前后写了七十多篇文章围攻范缜。结果,范缜把佛教徒驳斥得体无完肤,连最善辩论的曹思文也甘拜下风,皇帝只好下了一道诏书,说范缜的"歪理"难于说服,辩论就停止吧。这在某种意义上说,皇帝也被范缜打败了。在这场论战中,范缜终于以胜利者的姿态出现,并被载入史册。梁武帝对他无可奈何,只好既不贬黜,也不升擢范缜,让他位居国子博士,直至离世。《神灭论》也未予以取缔。大约天监十四年(公元515年),范缜病逝,终年约六十五岁。他有文集十五卷。范缜有一子,名胥,字长才。他继承父志,传父业,亦有口才。官为国子博士。

范缜一生坎坷,然而他生性耿直,为人正派,为坚持真理,不怕威胁利诱,不惜放弃高官厚禄,以大无畏的英雄气概向唯心主义宗教神学展开斗争,写下了在中国古代思想发展史上具有划时代意义的《神灭论》。在形神关系的论证上,范缜的思想深度和逻辑的严谨不仅超越了在他之前的所有的唯物主义者,而且在整个中国封建思想家中,也是独一无二的。他那种为坚持和捍卫真理而斗争的勇气,更是难能可贵。

颜之推与《颜氏家训》

颜之推（公元531年—约595年），中国南北朝时期的思想家、教育家。字介，琅琊临沂（今属山东）人。

颜之推出身世代精于儒学的仕宦之家，据《北齐书·颜之推传》载，其九世祖含，从晋元东渡，官至侍中石光禄西平侯。父勰，梁湘东王萧绎镇西府咨议参军，世传《周官》《春秋》《左传》等专著，经学、史学、文学、书法具有良好的修养。颜之推自幼苦读儒学经典，有着广泛的学术兴趣和强烈的求知欲望。虽然九岁丧父，但良好的教育和家庭熏陶奠定了其一生的学问基础。颜之推不尚虚谈，博览群书，长于写作，词情典丽，深得梁湘东王萧绎的赏识，十九岁任湘东国左常侍，加镇西墨曹参军。

颜之推

二十岁那年，颜之推随萧绎之子萧方诸出镇郢州，掌书记。不久，侯景之乱爆发，颜之推被俘，差点被杀，幸赖行台郎中王则救免，被囚送到建业。承圣元年（公元552年），侯景之乱平息后，颜之推得以结束囚徒生活，回到江陵。此时，萧绎已在江陵即位，是为孝元帝。元帝任命颜之推为散骑侍郎，参加校订史籍。然而时隔不久，承圣三年（公元554年），西魏军攻占江陵后，颜之推再次成为俘虏，被押送到长安。几个月之后，颜之推听说北齐遣送梁使徐陵等人回国，便打算奔齐而后返梁。时值河水暴涨，颜之推冒险乘船携妻带子，经黄河砥柱天险，终于抵达齐国。

北齐文宣皇帝高洋久慕颜之推大名,"见而悦之,即除奉朝请,引于内馆中,侍从左右",历任中书舍人、同直散骑常侍、黄门侍郎等职。但是,对于颜之推来讲,北齐只是其途经之地,他最终仍想回到故国,报效梁朝。然而,颜之推尚未返回故国,那里就发生了剧变,陈霸先废梁敬帝自立,梁国变为陈国。无奈之下,颜之推只好断绝南归之念,继续留在北齐,充当宫廷御用文人。高洋对颜之推相当器重,然而颜之推依然无意事异主,在北齐二十多年,一直抛不掉正统观念,内心处于矛盾状态。

尽管如此,颜之推仍因博学多才、处事勤谨受到北齐诸帝信任。在此期间,他主持编纂了大型类书《修文殿御览》,对北齐的制度建设、文化发展作出了相当大的贡献。齐亡之后,北周建德六年(公元577年),颜之推与卢思道、薛道衡等人共赴长安,接受灭齐之周国的委任,为御史上士。然而,581年周相国杨坚又受周禅,建立隋朝。杨坚及太子素闻颜之推大名,召为学士,"甚见礼重"。

颜之推经历四个动乱的朝代,目睹当时士大夫子弟无能及士族教育的腐败,认为教育必须改革,才能为国家培养有用人才。他将自己亲身见闻及立身、治家、处世的道理写成《颜氏家训》,教诫子弟。他要求子弟学习以儒家经典为主,兼及各家之言,即"明六经之指,涉百家之书",注意实用知识的学习。他教育弟子要勤学守行,应世经务,成为一个厚重、勤勉、博学、多能、务实、学以致用的人才。

《颜氏家训》内容丰富、体例宏大、兼具学术价值的家训,涉及的内容极广,用大量历史和现实事例,阐发了以儒学思想为立身治家之道的深刻道理,书中提出了士大夫家庭教育的普遍问题,成为我国封建时代第一部系统完整的家庭教科书。

《颜氏家训》在修身、齐家、处世、育人以及整个家训文化中具有重要地位和价值,是中国家训文化中一部最具权威的家训教科书。"三代而上，教详于国；三代而下，教详于家"，中国是农业宗法社会，以家庭为基本单位的生产组织形式延续了数千年，家族教育成为文化传承的重要途径，家训是中国传统文化中根源最为深厚的部分。《颜氏家训》以传统的儒学道德观念以及古今事例，阐述教子治家、立身扬名的道理，告诫后代守道尊德、治学修业、养生归心，成为于国于家有用之人，对自己一生为学、处世、立身经验进行了总结。这是对汉魏以来出现的《诫子书》《家诫》，以及中国人道德观念和道德戒律的全面总结和系统整合，成为我国封建时代家训的集大成之作，在此后的中国传统社会中一直产生重大影响，几乎能被社会各个阶层所接受，因而备受推崇。

《颜氏家训》的教育思想不仅是我国古代家庭教育思想史的重要里程碑，其中所反映的许多教育思想和教育方法，对现代教育也具有普遍的启迪意义，是我国教育思想史上的宝贵财富。

首先，颜之推继承了前辈从人性论的角度来论述教育作用的传统，认为人性分为三品，人性的品级与教育有直接关系，他说："上智不教而成，下愚虽教无益，中庸之人，不教不知也。"颜之推把人分成上智、下愚、中庸三类。这里虽引用孔子"唯上智与下愚不移"的说法，但就像历史上只推许极少的几个人为圣人一样，颜之推实际上也认为，一般人皆是可分为上下的。他认为上智之人是无须教育的，因为上智是天赋的英才，不学自知、不教自晓。其次，下愚之人"虽教无益"，尽管教他，都是无效果的，因为"下愚"是无法改变的。颜之推强调中庸之人必须受教育，因为不受教育就会无知识，陷于"不知"的愚昧状态。教育的作用就在于教育中庸之人，使之完善德性，增长知识。

其次，南北朝时期，士大夫阶级虽垄断教育，但又轻视教育，大多倚仗门荫获得一官半职，便自为满足，不学无术，只图享乐。为此，颜之推首先从接受教育与否同个人前途的利害关系出发，强调了士大夫接受特殊知识教育的必要性。他认为，一个人有无知识，决定着他社会地位的高下。

再次，他从知识也是一种谋生的手段等方面论述了知识教育的重要性。

颜之推认为，就当时的社会现实来看，知识也是一种资本，它可以作为谋求生活的手段。他说："如明通六经之旨义，涉猎百家之群书，纵然不能增益德行、敦厉风俗，至少可以作为一门艺业，得以自资。"此外，由于当时社会处于战乱和朝代更替频繁的变动时期，个人的地位与前途都没有保障，家园、父兄的庇荫也不可能长久。因此，只有自身有了知识，才能左右逢源。

颜之推不仅重视德育，也重视艺教。他认为，德育为根本是毋庸置疑的，但艺教也不是可有可无的。所谓"德"，即恢复儒家的传统道德教育，加强孝悌仁义的教育。所谓"艺"，即恢复儒家的经学教育并兼及"百家之书"，以及社会实际生活所需要的各种知识和技艺。关于"艺"的教育，当然是以五经为主。他认为学习五经，主要是学习其中立身处世的道理，"夫圣贤之书，教人诚孝，慎言检迹，立身扬名，亦已备矣"。但读书不能只限于五经，还应博览群书，通"百家之言"。

此外，他还重视学习"杂艺"。他认为在社会动荡的非常时期，学习"杂艺"可以使人在战乱"无人庇荫"的情况下"得以自资"，保全个体的生存和士族的政治、经济地位。颜之推倡导的"杂艺"内容相当广泛，主要包括文章、书法、弹琴、博弈、绘画、算术、卜筮、医学、习射、投壶等，这些技艺在生活中有实用意义，也有个人保健、娱乐的价值。但这些"杂艺"可以兼明，不可以专业。

他指出知识教育是道德教育的基础，并为道德教育服务，"孝为百行之首，犹须学以修饰之。""夫所以读书学问，本欲开心明目，利于行耳。"

由于德艺两者关系的密切，因此有可能，也有必要通过阅读记载前人道德范例书籍的途径来进行道德教育。颜之推认为，这种范例可以是圣人君子，也可以是卑贱者中间有德行者，"农工商贾，厮役奴隶，钓鱼屠肉，饭牛牧羊，皆有先达，可为师表，博学求之，无不利于事也。"这比一向唯以圣贤为楷模的传统儒家思想进了一大步。

在教育内容方面，颜之推还提出士大夫子弟应重视农业生产知识，要"知稼穑之艰难"。因为农业是人民生活的根本，这与一般士大夫轻视农业，认为那只是小人之事，士大夫用不着问津的观点是不同的。当然，颜之推并非提倡士大夫子弟要躬耕，他所要求的实际上仅限于认识的重视，以及对农业活动有所了解，以便齐家治民。

颜之推提倡尽早对儿童进行教育，甚至主张"胎教"。颜之推认为，一个人的发展是从胎儿时就开始了，因此家庭教育应从胎教开始。怀孕三个月以后的孕妇，应在举止、行动、声音滋味上，处处"以礼节之"不可失度，使胎儿受到良好的感应。在他看来，儿童时期，精神集中，学习效果好；成年后，思想分散，学习效果差一些。因此应在儿童时期对其进行学习教育。

颜之推很重视环境对人的习染作用，告诫子弟慎交。他说："与善人居，如入芝兰之室，久而自芳也；与恶人居，如入鲍鱼之肆，久而自臭也。"因此，他认为少年的思想品德正处于发展形成阶段，做父母的应审慎地看待子女身边的人，以防止误入歧途。慎重地选择师友，发挥教育习染的积极影响，潜移默化，这是家庭教育中重要的一环。

颜之推根据自己积累的经验与当时的现实，提出了勤学、切磋、眼学、惜时的主张。

首先他认为学者自身是学习的主体，学习成绩如何主要决定于自己，而不决定于教师，所以要依靠自己的勤奋才能有所得，任何学习者都应勤学。他还指出，虽然人们在才智上有聪颖与迟钝的差别，但迟钝者只要勤学不倦，差距是可以缩短的，只要学者能够下功夫，对每一种知识都能够"皆欲根寻，得其根本"，都是可以达到精通熟练程度的。

其次，颜之推重视切磋交流在学习中的作用。他以《尚书》中"好问则裕"与《礼记》中"独学而无友，则孤陋而寡闻"作为理论依据，认为只有在学习上好问求教与切磋交流，方能互相启迪，较快地增进知识与避免错误。如果一个人闭门读书，不与外界交流，无师无友，则会使自己寡闻少见，闭塞思路，而且常常自以为是，不知纠正谬误，以致贻笑大方。

再次，颜之推在学习上提倡踏实学风，重视亲身观察获取的知识。他认为无论是谈说、作文，还是援引古今史实，都"必须眼学，勿信耳受"。耳听为虚，眼见为实。所谓"眼学"，包括书本知识与实践经验两方面。对于书本知识，必须阅读典籍，查考原文，如此方可信受，方可转述。对于实践经验的知识，也必须经自己亲自实践，方可信实。当然，颜之推并非绝对地排斥"耳受"，一味提倡一切需"眼学"，而是认为耳闻的知识也有一定价值，只不过应采取存疑的审慎态度，不轻易转述。

最后，他认为，人的一生都要惜时，不可以因老废学。学习知识是人的需要，有了知识，可以开心明目，脱离懵懂无知。如幼年失学，成年以后还要争取机会继续学习。"犹当晚学，不可自弃"。

玄奘西天取经

佛教的发源地是印度，大约两千年前传入中国。魏晋以后，它对中国社会生活的变化、思想文化的发展都起了重大作用。在民间，佛教的影响比其他任何宗教都有力量，至今仍兴盛不衰。

佛教所以久盛不衰，与传播佛教的历代僧人的努力分不开。我们这里要讲的是一位典型的人物，他在我国佛教的发展史上，足以代表弘扬佛教的最高智慧与无上毅力，同时又为雅俗共知，中外同仰，既有热烈的信仰，又有卓越的才学，他就是唐代著名高僧——玄奘。

玄奘又称三藏法师，俗称唐僧。俗姓陈，名祎，出生在隋朝洛州偃师（今河南偃师）。他出生于仕宦家庭，祖上世代为官。玄奘兄弟四人，他年龄最小。他的二哥陈素，早已出家，住在洛阳净土寺。受二哥的

玄奘法师

影响，玄奘自幼就学习诵经。别看他年龄小，可他聪明过人，学而不忘，能举一反三，颇受当时人称道。

隋朝大业三年（公元 607 年），洛阳招收僧人 27 名。当时报名参加的有几百人，佛经修习得都很好。玄奘也来报名，想剃度出家。由于年龄小，而未能报上名。玄奘心中怏怏不乐，在寺门外徘徊。恰巧和主考官相遇，主考官一见玄奘气度不凡就问他的来历，玄奘一一作答，并说自己

有志剃度出家，无奈根基太浅，经业不精而不能如愿。主考官又问他，小小年纪，出家为了什么？玄奘从容不迫地回答："我想弘扬佛法，普度众生。"主考官深深地被他打动，又见他相貌英俊，气宇非凡，决定破格录取。主考官向众人夸奖说，一般的经业修习很容易，特殊的风骨难得，我想这孩子得到剃度，一定能弘扬佛法，成为伟大人物。

那年玄奘才13岁。出家后他与二哥陈素一同生活，在寺中听法师宣讲经法，反复钻研，达到废寝忘食的地步。他天赋颇高，听一遍就能通晓大义，再加上自己反复研习，所以无论《涅槃经》还是《摄大乘论》等佛典都掌握到融会贯通的程度。寺中僧人很是吃惊，请玄奘主持讲座，他当仁不让，讲得深透晓畅，众僧更加佩服。玄奘自此很有名气。

隋朝不久被农民起义推翻。玄奘求学心切，同哥哥奔赴成都求访名师。一路上遇见几位大德高僧，玄奘就向他们虚心请教。在成都，各方高僧云集于此，玄奘更是不分昼夜地听讲、请教。没几年便把蜀中经论一一钻研一遍，想远游求师。

自此玄奘云游天下，访问讲经，问难析疑。当时他27岁。五年之内，他参遍国内大德高僧，通达了解了国内佛教各家学说，深深地为国内僧人信服敬仰，被当时的两位大师法常、僧辨称为"佛门千里驹"。但他精进不息，自己感到还很不够，尤其是由"般若"发挥而来的"瑜伽"学说。

西天取经

当时的佛教经典都是由印度流传而来,在由梵文翻译过来的过程中有很多差误,而且晦涩难懂,常使修习的人发生误解。玄奘法师深深地意识到这种不足,立志西行印度,参谒佛陀故乡,取回经卷,翻译并使之流通,教化世人,以光大佛法。

玄奘法师征求了一些志同道合的同伴,上书朝廷,请求关文护照。由于国内局势尚未安定,唐朝禁止国人出国,护照关文不能发放。法师和同伴只得等待时机,同时学习梵文梵语。许多同伴改变了初衷,心灰意冷,只有玄奘静静地等待着机缘。

唐太宗贞观元年(公元627年)秋,关东、河南、甘肃东部一带由于霜雹灾害,饥饿流行。唐朝政府下令,受灾百姓,可以离开家乡,到丰收的地方寻找食物。法师借着这个机会,混在难民之中,向西进发,开始了西游历程。这一年,玄奘32岁。

行至凉州,玄奘法师被凉州守军以不准出境的公文逼令还京,幸好当地一位法师设法暗中派人护送西行。玄奘法师自此不敢公开露面,只好白天休息,晚上行走,好不容易才到安西瓜洲城。瓜洲刺史十分敬仰玄奘法师,精心照顾,准备西行物品。这时凉州发出的文书又到达瓜洲,要沿途州县,严加缉拿法师。州官为法师诚挚西行的精神所感动,撕毁文告,让法师西行。

过瓜洲、出玉门关,法师飘然一人,孤游大漠。这里是西行必经之路,却又是平沙浩浩,杳无人烟,沿途只有一堆堆白骨,寻迹而行,凄凉冷落,百里之内,没有水源。有时飞沙走石,令人迷失方向;有时人马尸骨绝迹,不知去处。夜间远近磷火,似鬼魅出没。玄奘法师遇到种种险恶情境,决心不改,毫无恐惧。

有一次,他已四夜五天滴水未曾入口了。法师眼枯唇焦,喉痛腹热,势难活命,倒卧于沙漠之中,默持佛号。直到第五夜半,忽然觉得凉风袭来,人顿时精神了,马也站起来了,行走了 10 里左右,马忽然向岔路跑去,法师控制不住,任它奔走,又行了几里,只见一片青草,一池清水,这才使法师人马重获生命。休息一日,又行两日,走出浩浩沙漠,驶出大唐疆界。

那时,唐朝以西、印度以东的地方有许多小国。法师所到之处无不受到国王的款待、欢迎。有的国王意欲留下法师做国师,法师坚辞不受,决意西行。国王们为法师准备西行物品,并派人护送。法师一路讲经礼佛,停停走走,翻山越岭,于唐太宗贞观四年(公元 630 年)进入印度。

在印度,法师虚心请教、学习,也向印度僧人讲经。他不辞辛劳,奔走于各国之间,遍访名寺,求学名师。印度学者、高僧、信徒都闻听大唐高僧游学于印度,都仰望法师的到来。法师在印度也曾数次历险。有一次,法师一行 80 人乘船顺恒河东下,忽然两岸贼船横出,拦住去路。贼人命令旅客脱光衣服,搜求珍宝。这些贼人供奉天神,每年秋天都要找一个相貌身材都好的人作为牺牲,祭奉天神。他们见法师生得仪容俊秀、身体健美就要杀了法师祭供天神。法师镇定自若,对贼人说:"玄奘这具秽陋的身体,居然得允祭神的供品,原不该吝惜;只是此次远来,意欲参拜圣像,兼问经法,素愿未达就被杀戮,恐怕对你们来说不吉利。"同船的人跪下请求贼人饶命,贼人不允许。众贼打扫场地,设立祭坛,两个人拔刀引法师上坛,预备动手。在这生死关头,法师更加镇定,贼人大为惊异。法师自知难免一死,向贼人说道:"别无要求,请给片刻时间,让我安心去死。"说罢闭目静坐。顷刻间,忽然大风四起,折树飞沙,河流浪涌,贼人大惊失色。忙问法师从何而来,同船的人告诉贼人,这是从大唐来的诚心求法的高僧。贼人一齐跪下,叩头谢罪。法师转而说法,劝诫贼人,贼人大为感动,发誓改邪归正。

贞观七年(公元 633 年),玄奘法师来到印度最有盛名的那烂陀寺留学。在这里，他受到优厚的礼遇，师从最有名的高僧戒贤法师，学习《瑜伽师地论》，实现他早年夙愿。之后前往佛教创始人佛陀释迦牟尼弘扬佛法之处参拜、访问。

玄奘在那烂陀寺历时 5 年，备受优遇，并被选为通晓三藏的十德之一（即精通五十部经书的十名高僧之一）。前后听戒贤讲《瑜伽师地论》《顺正理论》及《显扬圣教论》《对法论》《集量论》《中论》《百论》以及因明、声明等学，同时又兼学各种婆罗门书。

贞观十年（公元 636 年）玄奘离开那烂陀寺，先后到伊烂钵伐多国（今印度北部蒙吉尔）、萨罗国、安达罗国、驮那羯磔迦国（今印度东海岸克里希纳河口处）、达罗毗荼国（今印度马德拉斯市以南地区）、狼揭罗国（今印度河西莫克兰东部一带）、钵伐多国（约今克什米尔的查谟），访师参学。他在钵伐多国停留两年，悉心研习《正量部根本阿毗达磨论》及《摄正法论》《成实论》等，然后重返那烂陀寺。不久，又先后到低罗择迦寺和杖林山访问学习，两年后仍返回那烂陀寺。此时，戒贤嘱玄奘为那烂陀寺僧众开讲摄论、唯识抉择论。适逢中观清辨（婆毗呔伽）一系大师师子光也在那里讲《中论》《百论》，反对法相唯识之说。于是玄奘著《会宗论》（已佚），以调和大乘中观、瑜伽两派的学说，同时参与了与正量部学者般若多的辩论，又著《制恶见论》（已佚），还应东印迦摩缕波国（今印度阿萨姆地区）国王鸠摩罗的邀请讲经说法，并著《三身论》（已佚）。接着与戒日王会晤，并得到礼遇。戒日王决定以玄奘为论主，在曲女城召开佛学辩论大会，共有五印 18 个国王、3000 个大小乘佛教学者和外道 2000 人参加。当时玄奘讲论，任人问难，但无一人能予诘难。一时名震五印，并被大乘尊为"大乘天"，被小乘尊为"解脱天"。戒日王又坚请玄奘参加 5 年一度、历时 75 天的无遮大会，会后归国。

法师在印度游历共计 17 年,游历印度各地,讲经治法,名震四方。贞观十九年(公元 645 年)春,法师学成回归,已年届 50 岁。玄奘返唐时,携带经卷数百部,上千卷,受到唐太宗李世民的欢迎和赞誉。

法师回来后,组织翻译佛经,并写了一本《大唐西域记》,这部著作至今仍是研究古印度的宝贵资料。至法师圆寂时,共翻译佛经 75 部计 1335 卷,译著严谨,为佛教在我国的传播作出了重要贡献。

玄奘幼年即有志于佛学,不为艰难所阻,不为利欲所诱,行程几万里终于取回佛经,实现宏愿,堪称一代伟人。他西行求学的故事,后来被改编为小说《西游记》,广为传颂。他历尽千辛万苦取经的精神为后人树立了追求理想的光辉典范。

尊儒反佛的韩愈

唐朝中期,佛教已有了很大的发展,和尚们形成了一股特殊的社会势力。众多的僧侣们"不耕而食,不织而衣",过着一种不劳而获的生活。信奉佛教的人越来越多,不仅平民百姓礼佛拜佛,那些王公大臣,甚至是皇帝、皇后也信奉起了佛教。

然而,佛教徒的增加,对于下层人民以及整个国家来说,是一种灾难。寺庙成了避难所,人们为了逃避兵役,青年男女们不惜抛弃家业,男的做和尚,女的做尼姑,良田荒芜了,没人去种,朝廷由于征不到兵,赋税更加重了,反对佛教势所必然。

唐宪宗元和十四年(公元819年),长安城爆出一件特大新闻,长安城里有一座护国真身塔,塔内有一节释迦牟尼的指骨,称为"佛骨",当朝皇帝唐宪宗让人把"佛骨"迎接到宫中,供奉三天。这样一来,全国上下都信奉起佛教来,有钱人纷纷向寺庙捐钱,老百姓也家家供奉佛像,烧香叩头,有的甚至为信佛而倾家荡产。这真是一件祸国殃民的事情。

当时担任刑部侍郎的韩愈,是一个正统的孔孟儒家继承人,他像东汉的王充、南北朝的范缜一样痛恨佛教。他写了一篇叫《谏迎佛骨表》的奏章,交给了皇帝,严厉地批驳了佛教,指出迎佛骨这件事是一件愚民误国的荒唐事情,要求唐宪宗禁止佛教的流传。他在上书中写道:佛教是外国传入中国的一种法术。古时候,中国没有佛教,好些皇帝都可以长寿,百姓也安乐太平。佛教传来以后,信佛的皇帝,有不少反而短命了,有的甚至亡了国,可见,佛教是不能信的,应该烧掉这块佛骨,永绝后患。

韩愈站在儒家正统的立场上,批驳佛教说:那些和尚禅师们,嘴里不说古代圣贤的教导，身上不穿古代圣贤的衣服，不懂国君与大臣之间的区别，而且断绝父子之间的血缘之情，不讲仁义，灭绝人伦，伤风败俗，祸国殃民。佛教是绝对不能信奉的邪教。他主张要对佛教采取严厉措施，让和尚脱下袈裟去做正常的人，烧起大火将佛经烧成灰烬，没收寺院的所有财产，归还给国家和朝廷。

　　韩愈的上书，引起了唐宪宗的不满。唐宪宗认为自己身为皇帝，信佛不信佛不能由一个小小的侍郎来决定。于是，唐宪宗马上下令，把这个不知天高地厚的韩愈处死。韩愈其实也并非孤身一人反佛，朝中许多大臣，只是敢怒不敢言，他们明知佛教的祸害，可是都害怕皇帝怪罪下来，被杀了头。眼见大义凛然的韩愈敢于上书谏言，他们也很佩服韩愈的勇气。于是在宰相崔群、裴度的带领下，众大臣齐向唐宪宗求情，希望看在韩愈曾经立过大功的份上，留他一条性命。由于韩愈曾跟随

韩愈

宰相裴度当过行军司马，立过战功，唐宪宗才网开一面，把他贬到潮州（广东省潮安县）做刺史。

　　后来，韩愈写了一首诗抒发自己的感受："一封朝奏九重天，夕贬潮州路八千。欲为圣明除弊事，肯将衰朽惜残年。"诗意是说，早晨上朝的时候，递给皇帝一封奏章，而在傍晚却落了个被贬潮州的下场。潮州路遥八千里，但是却并不灰心丧气，也不因为自己年迈衰老而爱惜生命和健康，显示出一种为国为民为道统甘愿牺牲自己的豪气。

　　韩愈出身于一个小官僚家庭。他的父亲曾经做过潞州铜鞮（今山西

沁县）县尉、武昌县令、秘书郎。韩愈 3 岁时，父亲死了，他便到了哥哥韩会家，由他嫂子郑氏抚养成人。韩会是很有名气的文学家，有许多藏书，而且有一些志同道合的朋友，韩愈在这样的环境熏陶下，自然受益匪浅。

韩愈字退之，说起这名和字，倒有一段佳话：韩愈到了入学的年龄，嫂嫂郑氏一心想给弟弟起个又美又雅的学名，这天，郑氏翻开字书，左挑一个字嫌不好，右拣一个字嫌太俗，挑来拣去，过了半个时辰，还没有给弟弟选定一个合意的学名。韩愈站在一旁观看，见嫂嫂为他起名作难，便问："嫂嫂，你要给我起个什么名呢？"郑氏道："你大哥名会，二弟名介，会、介都是人字作头，象征他们都要做人群之首，会乃聚集，介乃耿直，其含义都很不错，三弟的学名，也须找个人字作头，含义更要讲究的才好。"韩愈听后，立即说道："嫂嫂，你不必再翻字书了，这人字作头的'愈'字最佳了，我就叫韩愈好了。"郑氏一听，忙将字书合上，问弟弟道："愈字有何佳意？"韩愈道："愈，超越也。我长大以后，一定要做一番大事，前超古人，后启来者，决不当平庸之辈。"嫂嫂听后，拍手叫绝："好！好！你真会起名，好一个'愈'字！"韩愈怎么会给自己起出一个这样又美又雅的名呢？原来他自幼聪慧，饱读诗书，从三岁起就开始识文，每日可记数千言，不到七岁，就读完了诸子之著。那超凡的天赋和文化素养，使他早早就抱定了远大志向，这个"愈"字，正是他少年胸怀的表露。韩愈长到十九岁时，已经是一位才华横溢的勃勃少年。这年恰逢科举之年，郑氏为他打点行装，送他进京去应试。到京城后，他自恃才高，以为入场便可得中，从未把同伴搁在眼里。结果别人考中了，他却名落孙山。

后来，他在京中一连住了几年，连续考了四次，最后才算中了第十三名。之后，一连经过三次殿试，也没得到一官半职。由于银钱早已花尽，他由京都移居洛阳去找友人求助。在洛阳，友人穿针引线，他与才貌双全的卢氏小姐订了婚。卢小姐的父亲是河南府法曹参军，甚有尊望，韩愈就住在他家,准备择定吉日与卢小姐结婚。卢小姐天性活泼,为人坦率,一方面敬慕韩郎的才华,一方面又对韩郎那自傲之情有所担忧。她曾多次思忖,要使郎君日后有所作为,现在就应当规劝他一下,可是如何规劝他呢?这天晚饭后,花前月下,二人闲聊诗文。畅谈中,韩愈提起这几年在求官途中的失意之事,卢小姐和颜悦色地说道:"相公不必再为此事叹忧,科场失意乃常有之事。家父总是对我夸你学识渊博,为人诚挚。我想你将来一定会有作为的。只是这科场屡挫,必有自己的不足之处,眼下当找出这个缘由才是。"韩愈听后,频频点头,心中暗道:卢小姐果有见地。接着说道:"小姐讲的甚是有理,俗话说自己瞧不见自己脸上的黑,请小姐赐教。"卢小姐一听,"嗤"地笑出声来,说道:"你真是个聪明人啊!"随即展纸挥笔,写道:"人求言实,火求心虚,欲成大器,必先退之。"韩愈手捧赠言,一阵沉思:此乃小姐肺腑之语啊!自古道骄兵必败,自己身上缺少的正是谦虚之情,这个"愈"字便是证据。于是,他立即选用卢小姐赠言中的最后两个字"退之"给自己起了个新名字。

韩愈由于出身贫寒,深知下层劳动人民的疾苦。在他做监察御史的时候,江苏一带遭了旱灾,许多人都饿死街头。韩愈写了一封奏章,交给皇帝,希望皇帝能够减少灾区民众的赋税,结果得罪了皇上,又遭到政敌的陷害,他被贬到了连州阳山做县令,他一生中在官场中屡次被贬,又屡次被召回京城。在唐穆宗时候,他做过国子监祭酒、兵部侍郎、吏部侍郎。所以后世有人称他为"韩吏部"。

韩愈是一个将哲学和文学综合于一身的大学问家。他所倡导的古文运动,不仅在写文章的技巧方面开创了一代文风,而且在他的文章中都贯穿他的哲学思想,这就是他所提倡的"文以载道"。他认为文学不能没有哲学思想,而他写文章的目的正是要宣扬他的哲学思想。他的古文运动矛头所指就是反对佛教,弘扬儒学正统。韩愈等人举起"复古"的旗帜,提倡学古文,习古道,以此宣传自己的政治主张和儒家思想。这一主张得到了柳宗元等人的大力支持和社会上的广泛响应,逐渐形成了群众性的斗争浪潮,压倒了骈文,形成一次影响深远的"运动"。这一运动有其发展过程。在骈文盛行时,已有人提出改革的要求,初唐陈子昂曾主张"复古",是文体革新的先驱者。其后,萧颖士、李华等继起,提出取法三代两汉的主张,为韩柳古文运动做了思想准备。中唐时期虽经安史之乱,唐朝国力衰弱,但贞元以后,社会暂时安定,经济有所发展,出现了"中兴"的希望。这样韩愈等人倡导古文运动的时机也就成熟了。他们提出"载道""明道"的口号,这是古文运动的基本理论。他们重视作家的品德修养,重视写真情实感,强调要有"务去陈言"(韩愈《答李翊书》)和"词必己出"(韩愈《南阳樊绍述墓志铭》)的独创精神。他们一方面亲自实践,一方面又培养了许多青年作家,使古文运动的声势日渐壮大。

唐代古文运动在中国古代散文发展史上的主要贡献,就是扭转了长期统治文坛的形式主义潮流,继承了早期散文的优良传统并有所创新和发展,从而开创了散文写作的新局面,拨正了古代散文的发展方向,一扫当时宗教气息的消极影响。宋代及宋以后的散文,其主流就是在唐代古文运动所奠定的基础上继续发展的。

韩愈不仅大力倡导古文运动,而且一生坚持反佛,并取得了很大的成功。唐宪宗死后,信佛的势力垮台了。相继登上帝位的是唐文宗和唐武宗。唐武宗下诏灭佛,派出四个御史到各地去察看灭佛的情况,御史们的马还没出陕西的潼关,天下的寺院连地基都让老百姓用犁犁平了。因为皇帝的诏书一下,下层劳动人民早已不能忍受那些佛教徒的压榨,尤其是僧侣占用了许多良田,早已激起了民众的愤怒,即使是下级官吏们也丝毫不同情僧侣们的下场。

韩愈反佛是在佛教势力达于鼎盛的情况下进行的。韩愈"素不喜佛"，信奉孔孟之道。他有感于安史之乱后藩镇力量强大，中央政权削弱，又有感于儒学的衰微和佛、道的蔓延，曾写下《原道》《原性》《原人》等论文。他在这些论文中认为，只有大力扶植名教，提倡忠君孝亲的孔孟之道，限制佛、道的传播，才能有效地巩固中央集权的统治。他在《原道》中指出："今其法曰：必弃而君臣，去而父子，禁而相生养之道，以求其所谓清净寂灭者"；"今也欲治其心，而外天下国家，灭其天常，子焉而不父其父，臣焉而不君其君，民焉而不事其事"；"今也举夷狄之法，而加之先王之教之上，几何其不胥而为夷也"。意思是说，佛教背弃纲常名教，有碍国计民生，不合文化传统，务必予以排斥。

为了达成排佛目的，韩愈提出了儒家的道统，把它作为民族文化的主线，以与佛教各宗派的传法世系相对抗。他自以为得了儒学真传，以继承和发扬从尧舜到孟子的道统为历史使命，要效法孟子辟杨、墨的精神来辟佛、道。基于此，他特别推崇《大学》的理论体系。《大学》将治国平天下列为头等大事，并与个人的道德修养联系起来，而佛教提倡出世主义，既违背封建伦常，又否认国家至上观念，所以佛教是不可容忍的。

韩愈反佛的出发点和立论根据，是为了强化中央政权的政治经济利益，确立儒家文化的正统地位。为了实现他的儒家政治理想，他在《原道》中提出"人其人，火其书，庐其居"的口号，试图以行政手段彻底废除佛教。这一思想为此后唐武宗的灭佛提供了重要依据。而他所提出的儒学独尊和儒家道统，则对宋代理学的形成有明显影响。

满腹经纶的柳宗元

柳宗元是唐朝河东（今山西省永济县）人，他出生的时候，"安史之乱"刚刚平定10年。虽然已有20年的短暂和平，但这时的唐王朝早已走过了它的太平盛世，逐渐衰朽。唐王朝的各种社会矛盾日益突出，中唐以后的各种社会弊端如藩镇割据、宦官专权、朋党相争等等正在形成。

柳宗元的家庭是一个具有浓厚的文化气氛的家庭。他四岁那年，父亲柳镇去了南方，母亲卢氏带领他住在京西庄园里，卢氏信佛，聪明贤淑，很有见识，并有一定的文化素养。她教年幼的柳宗元背诵古赋十四首。正是母亲的启蒙教育，培养了柳宗元勤奋好学的品格。卢氏勤俭持家，训育子女，在早年避乱到南方时，宁肯自己挨饿，也要供养亲族。后来柳宗元获罪贬官，母亲以垂暮之年，跟随儿子到南荒，没有丝毫怨言。她是一位典型的贤妻良母，在她身上体现了很多中国古代妇女的美德。母亲的良好品格，从小熏陶了柳宗元。

除了母亲外，父亲柳镇的品格和学识对柳宗元更有直接的影响。柳镇深明经术，"得《诗》之群，《书》之政，《易》之直、方、大，《春秋》之惩劝，以植于内而文于外，垂声当时"。可知他信奉的是传统的儒学，但他并不是一个迂腐刻板、不达世务的儒生。他长期任职于府、县，对现实社会情况有所了解，并养成了积极用世的态度和刚直不阿的品德。他还能诗善文，曾与当时有名的诗人李益唱和，李益对他很推崇。父亲和母亲给予柳宗元儒学和佛学的双重影响,这为他后来"统合儒佛"思想的形成奠定了基础。

柳宗元的幼年在长安度过。对朝廷的腐败无能、社会的危机与动荡有所闻见和感受。他九岁那年,即唐德宗建中二年(公元781年),爆发了继安史之乱后又一次大规模的割据战争——建中之乱。诱发战争的直接原因是成德镇李宝臣病死,其子李惟岳谋继袭,得到河北其他两镇和山南东道节度使梁崇义的支持,企图确立藩镇世袭传子制度。新继位的唐德宗不同意,四镇就联合起兵反抗朝廷。建中四年(公元783年),柳宗元为避战乱来到父亲的任所夏口(今湖北省武汉市武昌区)。但由于夏口是一个军事要冲,这时又成为李希烈叛军与官军激烈争夺的目标。年仅12岁的柳宗元在这时也亲历了藩镇割据的战火。

贞元元年(公元785年),柳镇到江西做官。在这以后一段时间,柳宗元随父亲宦游,到过南至长沙、北至九江的广大地区。这段经历使柳宗元直接接触到社会,增长了见识。从这以后,他已经开始参与社交,结纳友朋,并作为一个有才华的少年受到人们的重视。不久,他回到了长安。

贞元十七年(公元801年),柳宗元调为蓝田尉,两年后又调回长安任监察御史里行,时年31岁,与韩愈同官,官阶虽低,但职权并不下于御史,从此与官场上层人物交游更广泛,对政治的黑暗腐败有了更深入的了解,逐渐萌发了要求改革的愿望,成为王叔文革新派的重要人物。

王叔文、王伾的永贞革新,虽只有半年时间便宣告失败,但却是一次震动全国的进步运动,所实行的措施,打击了当时专横跋扈的宦官和藩镇割据势力,利国利民,顺应了历史的发展。柳宗元与好友刘禹锡是这场革新的核心人物,被称为"二王刘柳"。年轻的柳宗元在政治舞台上同宦官、豪族、旧官僚进行了激烈的斗争。他的革新精神与斗争精神是非常可贵的。

由于顺宗下台、宪宗上台,革新失败,"二王刘柳"和其他革新派人士都随即被贬。宪宗八月即位,柳宗元九月便被贬为邵州(今湖南邵阳市)刺史,行未半路,又被加贬为永州(今湖南永州市)司马。这次同时被贬为司马的，还有七人，所以史称这一事件为"二王八司马事件"。

永州地区地处湖南和广东、广西交界的地方，当时甚为荒僻，是个人烟稀少的地方。和柳宗元同去永州的，有他67岁的老母亲、堂弟柳宗直、表弟卢遵。他们到永州后，连住的地方都没有，后来在一位僧人的帮助下，在龙兴寺寄宿。由于生活艰苦，到永州未及半载，他的母亲卢氏便离开了人世。

柳宗元被贬后，政敌们仍不肯放过他，造谣诽谤、人身攻击，把他丑化成"怪民"，甚至多年之后还骂声不绝。由此可见保守派恨他的程度。在永州，残酷的政治迫害、艰苦的生活环境，使柳宗元悲愤、忧郁、痛苦，加之几次无情的火灾，严重损害了他的健康，竟至到了"行则膝颤、坐则髀痹"的程度。贬谪生涯所经受的种种迫害和磨难，并未能动摇柳宗元的政治理想。他在信中明确表示："虽万受摈弃，不更乎其内。"

唐元和十年(公元815年)，柳宗元结束了十年永州的"孤囚""流放"生涯，奉召回京，一路欣喜回到京都长安，不料又被贬为柳州刺史，"官长进而地益远"，只得拖着体弱多病的身躯从京都长安长途跋涉来到柳州。

当时的柳州是个落后荒凉的地方，居民大多是少数民族，生活极端贫困，风俗习惯更与中原大不相同。柳宗元初来这里，语言不通，一切都不适应，但他还是决心利用刺史的有限权力，在这个局部地区继续实行改革，为当地民众做些好事。柳宗元在柳州，决心废除"以男女质钱，约不时赎，子本相侔，则没为奴婢"的残酷风习，制订了一套释放奴婢的办法，规定那些已经沦为奴婢的人，都可以按时间算工钱，抵完债即恢复人身自由，回家和亲人团聚。此举受到广大贫苦人民的欢迎，后来被推行到柳州以外的州县。针对当地百姓迷信落后的习俗，柳宗元严令禁止江湖巫医骗钱害人；举办和发展文化教育事业，兴办学堂，推广医学，并使从不敢动土打井的柳州，接连打了好几眼井，解决饮水问题。

柳州荒地很多，柳宗元组织闲散劳力去开垦，仅大云寺一处开垦的荒地就种竹3万竿、种菜百畦。他还很重视植树造林,并多次亲自参加了植树活动。在柳州的4年,是柳宗元人生最后的时光,在他力所能及的范围内,针对柳州的实际情况进行了一番兴利除弊的改革,遗惠一方,而这些改革措施,实际上就是当初王叔文改革的延续,是他最初的政治理想,体现着他一生的坚持和不屈。

柳宗元在柳州刺史任上,虽只有短短四年时间,但作为一州之长的他,深知自己的职责所在,他为柳州人民任劳任怨,勤勤恳恳地办实事,努力去实践自己早年立下的"心乎生民而已","无忘生人之患"的勤政誓言,切真务实地为柳州的文化和经济发展,做了许多实实在在为后人称道的好事,从而得到人民爱戴,柳宗元也因在柳州作了四年官而被后人尊称为"柳柳州"。

柳宗元于元和十四年(公元819年)11月8日病逝于柳州任所,传说当天全城百姓为之痛哭。许多百姓披麻戴孝,为他秉烛焚香,城中父老看到柳宗元为官清廉,死后家境一贫如洗,便自动捐钱,为他操办棺木,请来能工巧匠,挑选最好的楠木,特制了一副最好的大棺材。

这副棺材的顶板和侧板都精心雕刻了龙、凤、狮、象,每个形象都栩栩如生,又漆上经久不变色、越久越光亮、光彩照人的上等漆料,然后才将柳宗元的遗体入殓,由数十人轮流抬往停棺台上安放。百姓千余人纷纷来到灵柩之前吊唁,表示哀悼和敬意。

事隔八个月后的次年7月10日,柳宗元的家属得到他生前友人的资助,才将柳宗元的灵柩运回陕西万年县(今西安市临潼县)的先人墓地入土安葬。运灵柩在路途上长达数月,这副棺料经过日晒雨淋,车船颠簸,仍然完好如初。沿途经过的地方,当人们看见柳宗元的灵柩时,都不禁纷纷议论道:"柳大人死在柳州得到这么好的一副棺料,真是死在柳州值得。"于是这些厚誉越传越广,越传越远,弄得后来不少达官权贵都想在死后能得到柳州这样一副棺料,不辞千里迢迢跑到柳州求棺,这样"死在柳州"的民谚便广为流传下来。

柳宗元虽然活了不到 50 岁，却在文学上创造了光辉的业绩，在诗歌、辞赋、散文、游记、寓言、小说、杂文以及文学理论诸方面，都做出了突出的贡献。

柳宗元一生留下 600 多篇诗文作品，其诗多抒写抑郁悲愤、思乡怀友之情，幽峭峻郁，自成一路。最为世人称道者，是那些情深意远、疏淡峻洁的山水闲适之作。柳宗元重视文章的内容，主张文以明道，认为"道"应于国于民有利，切实可行。他注重文学的社会功能，强调文须有益于世。他提倡思想内容与艺术形式的完美结合，指出写作必须持认真严肃的态度，强调作家道德修养的重要性。他推崇先秦两汉文章，提出要向儒家经典及《庄子》《老子》《离骚》《史记》等学习借鉴，博观约取，以为我用，但又不能厚古薄今。在诗歌理论方面，他继承了陈子昂提倡"兴寄"的传统，与白居易《与元九书》中关于讽喻诗的主张一致。他的诗文理论，代表着当时文学运动的进步倾向。

柳宗元的诗，共留存 140 余首，在大家辈出、百花争艳的唐代诗坛上，是存诗较少的一个，但却多有传世之作。他在自己独特的生活经历和思想感受的基础上，借鉴前人的艺术经验，发挥自己的创作才华，创造出一种独特的艺术风格，成为代表当时一个流派的杰出诗才。现存柳宗元诗，绝大部分是贬官至永州以后作品，题材广泛，体裁多样。他的叙事诗文笔质朴，描写生动，寓言诗形象鲜明，寓意深刻，抒情诗更善于用清新峻爽的文笔，委婉深曲地抒写自己的心情。不论何种体裁，都写得精工密致，韵味深长，在简淡的格调中表现极其沉厚的感情，呈现一种独特的面貌。因他是一位关心现实、同情人民的诗人，所以无论写什么题材，都能写出具有社会意义和艺术价值的诗篇。前人把他与王维、孟浩然、韦应物并称"王孟韦柳"。其部分五古思想内容近于陶渊明诗，语言朴素自然，风格淡雅而意味深长。另外一些五古则受谢灵运影响，造语精妙，间杂玄理，连制题也学谢诗。但柳诗能于清丽中蕴藏幽怨,同中有异。另外,柳诗还有以慷慨悲健见长的律诗《登柳州城楼寄漳汀封连四州》为唐代七律名篇,绝句《江雪》在唐人绝句中也是不可多得之作。

柳宗元的散文,与韩愈齐名,韩柳二人与宋代的欧阳修、苏轼等并称为"唐宋八大家",堪称我国历史上最杰出的散文家。在游记、寓言等方面,柳宗元同样为后世留下了极其优秀的作品。《永州八记》已成为我国古代山水游记名作。这些优美的山水游记,生动表达了人对自然美的感受,丰富了古典散文反映生活的新领域,从而确立了山水记作为独立的文学体裁在文学史上的地位。因其艺术上的成就,被人们千古传诵、推崇备至。另外,柳宗元的寓言继承并发展了《庄子》《韩非子》《吕氏春秋》《列子》《战国策》的传统,多用来讽刺、抨击当时社会的丑恶现象,推陈出新,造意奇特,善用各种动物拟人化的艺术形象寄寓哲理或表达政见。代表作有《三戒》(《临江之麋》《黔之驴》《永某氏之鼠》)《传》《罴说》等篇。嬉笑怒骂,因物肖形,表现了高度的幽默讽刺艺术。"黔驴技穷"等成语,几乎尽人皆知。有的寓言篇幅虽短,但也同他的山水记一样,被千古传诵。

柳宗元广泛钻研古往今来关于哲学、政治、历史、文学等方面的一些重大问题,著书撰文,写出很多著名文章,还根据自己写作的体验,总结出了比较系统的写作理论,这些理论对指导当时正在蓬勃开展的"古文运动"有一定的影响。

首先,柳宗元主张文章的思想性和艺术性的统一,内容与形式的统一。他提倡"文以明道",也是他倡导"古文运动"的口号。他主张作品对现实社会能起到褒贬和讽喻的作用。他在《杨评事文集后序》中,就把"文之用"归结为"褒贬"和"讽喻"。认为写作应该是为了对美好事物进行歌颂、宣扬,对丑恶事物加以批判、讽刺。他不把写作看作是个人"取名誉"的手段,而是用它来"辅时及物",对时政进行褒贬和讽喻。

柳宗元既重视文章"明道"的社会作用，也非常重视"文采"。他认为作品如果"阙其文采"，就"不足以竦动时听，夸示后学"，对读者起不了激励和感染的作用。为此，他既重视作品的内容，也很强调作品的形式。他认为写作必须避免两种不良倾向：一种是"无乎内而饰乎外"；一种是"有乎内而不饰乎外"。如果一篇作品没有正确的思想内容，只是讲究"饰乎外"，就好比"设覆为阱"，对读者危害更大；反之，如果有了正确的思想内容，"而不饰乎外"，这些思想内容也就得不到很好的表达。这些论述，说明柳宗元主张思想性与艺术性的统一，内容与形式的统一。

第二，柳宗元强调继承与创新的关系。

关于从多方面广泛地学习前人写作经验的问题，柳宗元在《答韦中立论师道书》中论述得相当系统。他重视广泛学习前人的写作经验，而又很强调创新。所以他在《复杜温夫书》中说："为文不能自雕斫，引笔行墨，快意累累，意尽便止，亦何所师法？"这说明他主张学习前人的写作经验，并非主张死守前人的写作陈规，拾前人的牙慧，而是强调必须有自己的创造。

既强调继承，又强调创新，这也是柳宗元在文学创作上取得成就的一个关键。

第三，作家写好作品首先要"立德"。柳宗元认为作家写好作品的首要条件，还是在于作家必须有好的行为品德，所谓"文以行为本，在先诚其中"（《报袁君陈秀才避师名书》），说的就是这个意思。

在教育问题上，柳宗元也有独到的见解。他认为天下万物的生长，都有自身的发展规律，人类活动必须顺应自然规律，否则不仅徒劳无益，还会造成损害。

柳宗元认为，育人和种树的道理是一样的，育人同样要顺应人的发展规律，而不能凭着主观愿望和情感恣意干预和灌输。

柳宗元赞赏韩愈的《师说》之论，也钦佩韩愈不顾流俗、勇于为师的精神，对当时社会上层士大夫"耻于相师"的风气感到痛心。他说："举世不师，故道益离。"但他在师道观上又有自己的见解和实施方式。他写下了《师友箴》《答韦中立论师道书》《答严厚舆秀才论为师道书》等文章，阐述了自己的师道观。其核心观点就是"交以为师"。柳宗元充分肯定教师的作用。他认为无师便无以明道，要"明道"必从师。但是，对韩愈不顾世俗嘲骂而"抗颜为师"的做法，他表示自己没有勇气这样做，但他又不是完全放弃为师，而是去为师之名，行为师之实。

柳宗元谢绝的是结成正式师生关系的名分，不敢受拜师之礼。但对来向他请教问道者，他无不尽其所知给予解答，诚恳地指导后学者，确有为师之实。他提出"交以为师"的主张，即师生之间应和朋友之间一样，相互交流、切磋、帮助，在学术研讨上是平等的，而不是单纯的教导与被教导的关系。柳宗元的"师友"说是传统师道观中有很大影响的一种学说，尤其是在高层次的教学活动中，更有借鉴意义。

除对文学和教育做出的巨大成就而外，柳宗元又是一位著名的思想家。一个积极投身于政治革新的人，必然是一个思想家。柳宗元的哲学论著有《非国语》《贞符》《时令论》《断刑论》《天说》《天对》等。在这些论著中，柳宗元对汉代大儒董仲舒鼓吹的"夏商周三代受命之符"的符命说持否定态度，把董仲舒这样的大人物斥为"淫巫"，指责他"诳乱后代"。他反对天符、天命、天道诸说，批判神学，强调人事，用"人"来代替"神"，这在一千多年前神学迷信思想占统治地位的封建社会中，是十分难能可贵的。柳宗元还把对神学的批判变成对政治的批判，用朴素唯物主义观点解说"天人之际"即天和人的关系，对唯心主义天命论进行批判。他的哲学思想，是同当时社会生产力的发展、自然科学所达到的水平相适应的。他把古代朴素唯物主义无神论思想发展到了一个新的高度，是中唐时代杰出的思想家。

柳宗元所写的一些关于社会政治的论著，是他的政治思想的具体反映,是他参与政治斗争的一种手段。《封建论》是柳宗元最著名的政治论文。针对分封制和郡县制两种制度之争,柳宗元认为整个社会历史是一个自然发展的过程,有其不以人们的意志为转移的客观发展的必然趋势。分封制暴露出种种严重弊端,而新的郡县制能克服分封制弊端,有优越性和进步性,因而极力支持郡县制。对秦始皇的评价,也反映出柳宗元政治思想的进步性。《六逆论》《晋问》等政论文,主张任人唯贤,反对世袭特权,甚至认为天子在用人问题上有了错误,也应改正。他重视农业的思想也比较突出,重视劝农耕,修水利,以利民、安民。柳宗元推崇儒学,但不主宗一家。他的不少言论,往往从折衷调和的立场,来对儒、法、释、道等各家学说作调和的解说,这是他思想异于其他思想家之处。

刘禹锡的天命观

刘禹锡的籍贯,历来说法不同。有人说他是河北省正定人,有人说他是彭城人。其实他真正的原籍是洛阳,他的祖先是我国北方少数民族,他本人出生在浙江的嘉兴县。

刘禹锡和柳宗元同榜考中进士,当时他只有21岁,比柳宗元大一岁。同一年,他又被授予博学宏词科。这些成就,对于刘禹锡这个年轻人来说,足可预示他日后官运亨通,飞黄腾达。这也是当时所有的读书人所企盼的。果然,八九年后,他被朝廷任命为监察御史,受到了朝廷的重用。

刘禹锡

但刘禹锡和柳宗元一样,并不是那种只图升官发财,没有雄心壮志的人。他也参加了王叔文的革新运动,希望通过这一革新运动,能够使唐王朝达到中兴,借以实现自己的抱负。他曾写过一首诗,抒发一片为国为民的诚心:

> 昔贤多使气,忧国不谋身。
>
> 目览千载事,心交上古人。
>
> 侯门有仁义,灵台多苦辛。
>
> 不学腰如磬,徒使甑生尘。

这首诗的大意是,古代的圣贤们,赤胆忠心为国为民,忧心如焚,把自己的生死置之度外。纵观千年历史,我的心和他们息息相通。那些豪门权贵们只会空谈"仁义""道德",苦心钻营的却是自己的权势。我不学那弯曲的玉磬逢迎他们,宁可饿着肚子,让蒸饭的甑(zèng)落满灰尘。

表达了他绝不为金钱和权势放弃凌云壮志的决心。

王叔文革新运动失败后，刘禹锡也受到很大打击，被贬到朗州（今湖南常德）。但是刘禹锡没有因此悲观消沉，他仍然保持着昂扬向上的乐观情绪和高尚的生活情操。他到朗州后仍然吟诗作赋，研究学问，写了不少流芳百世的杰作，他希望这些诗文能够再次引起朝廷的重视。他写的《秋词》一诗，表现了他开阔明朗的胸襟：

> 自古逢秋悲寂寥，
>
> 我言秋日胜春朝。
>
> 晴空一鹤排云上，
>
> 便引诗情到碧霄。

可见他虽然身处逆境，却仍然是豪气干云。刘禹锡被贬后没有自甘沉沦，而是以积极乐观的精神进行创作，积极向民歌学习，创作了《秋词》等仿民歌体诗歌。一度奉诏还京后，刘禹锡又因诗句"玄都观里桃千树，尽是刘郎去后栽"触怒新贵被贬为连州刺史，后被任命为江州刺史，在那里创作了大量的《竹枝词》。名句很多，广为传诵。公元824年夏，他写了著名的《西塞山怀古》：

> 王濬楼船下益州，金陵王气黯然收。
>
> 千寻铁锁沉江底，一片降幡出石头。
>
> 人世几回伤往事，山形依旧枕寒流。
>
> 今逢四海为家日，故垒萧萧芦荻秋。

这首诗为后世的文学评论家所激赏，认为是含蕴无穷的唐诗杰作。后来，几经多次调动，刘禹锡被派往苏州担任刺史。当时苏州发生水灾，饥鸿遍野。他上任以后开仓赈饥，免赋减役，很快使人民从灾害中走出，过上了安居乐业的生活。苏州人民爱戴他，感激他，就把曾在苏州担任过刺史的韦应物、白居易和他合称为"三杰"，建立了三贤堂。唐文宗也对他的政绩予以褒奖，十分赞赏，并赐给他紫金鱼袋。

刘禹锡晚年回到洛阳，任太子宾客加检校礼部尚书，与朋友交游赋诗,生活闲适,死后被追赠为户部尚书。刘禹锡的诗作现存800余首,其学习民歌,反映民众生活和风土人情的诗,题材广阔,风格上汲取巴蜀民歌含蓄宛转、朴素优美的特色,清新自然,健康活泼,充满生活情趣。其讽刺诗往往以寓言托物手法,抨击镇压永贞革新的权贵,涉及较广的社会现象。晚年所作,风格渐趋含蓄,讽刺而不露痕迹。词作亦存40余首,具有民歌特色,刘禹锡在洛阳时,与白居易共创《忆江南》词牌。刘禹锡死后,被葬在了河南荥阳(今郑州荥阳)。

刘禹锡及其诗风颇具独特性。他性格刚毅,饶有豪猛之气,在忧患相仍的谪居年月里,确实感到了沉重的心里苦闷,吟出了一曲曲孤臣的哀唱。但他始终不曾绝望,有着一个斗士的灵魂;写下《元和十年自朗州承召至京戏赠看花诸君子》《重游玄都观绝句》以及《百舌吟》《聚蚊谣》《飞鸢操》《华佗论》等诗文,屡屡讽刺、抨击政敌,由此导致一次次的政治压抑和打击,但这压抑打击却激起他更为强烈的愤懑和反抗,并从不同方面强化着他的诗人气质。他说:"我本山东人,平生多感慨"(《谒柱山会禅师》)。这种"感慨"不仅增加了其诗耐人涵咏的韵味,而且极大地丰富了其诗的深度和力度。

刘禹锡的诗,无论短章长篇,大都简洁明快,风情俊爽,有一种哲人的睿智和诗人的挚情渗透其中,极富艺术张力和雄直气势。诸如"朔风悲老骥,秋霜动鸷禽。……不因感衰节,安能激壮心"(《学阮公体三首》其二)、"马思边草拳毛动,雕眄青云睡眼开。天地肃清堪四望,为君扶病上高台"(《始闻秋风》)这类诗句,写得昂扬高举,格调激越,具有一种振衰起废、催人向上的力量。至于其七言绝句,也是别具特色,如:"莫道谗言如浪深,莫言迁客似沙沉。千淘万漉虽辛苦,吹尽狂沙始到金。"(《浪淘沙词九首》其八)"塞北梅花羌笛吹,淮南桂树小山词。请君莫奏前朝曲,听唱新翻《杨柳枝》。"(《杨柳枝词九首》其一)就诗意看,这两篇作品均简练爽利,晓畅易解,但透过一层看,便会领悟到一种傲视忧患、独立不移的气概和迎接苦难、超越苦难的情怀,一种奔腾不息的生命活力和弃旧图新面向未来的乐观精神，一种坚毅高洁的人格内蕴。

刘禹锡早年随父寓居嘉兴，常去吴兴拜访作为江南著名禅僧兼诗僧的皎然和灵澈，据其《澈上人文集纪》自述，当时他"方以两髦执笔砚，陪其吟咏，皆曰孺子可教"，这一早年经历对其后来的诗歌创作影响很深。那么，皎然、灵澈的诗歌主张是怎样的呢？皎然有《诗式》论诗，特别注意两方面，一是主张苦思锻炼，要求诗人在对词句加以精心锤炼之后复归自然，他认为这种自然才是诗的极致；二是极重视诗歌意蕴深远而气韵朗畅高扬的境界，认为"取境偏高，则一首举体便高；取境偏逸，则一首举体便逸"。而这"境"即意境，来自创作主体的心境，"真思在杳冥，浮念寄形影"（《答俞校书冬夜》），即诗人主观心境与审美观念乃是最重要的。灵澈没有诗论传世，但据权德與《送灵澈上人庐山回归沃州序》说，他"心冥空无而迹寄文字，故语甚夷易，如不出常境，而诸生思虑终不可至……知其心不待境静而静"；又说他常"拂方袍，坐轻舟，溯沿镜中，静得佳句，然后深入空寂，万虑洗然"，可见灵澈也重视在主体的静默观照中赢得意境的空灵深邃，而且语言也是追求自然的。这些见解一方面受到大历、贞元诗风影响，讲究字词锤炼，不露痕迹，一方面则来源于佛教重视"心"即主观体验感受的思想。刘禹锡深信佛教，得其中三昧，在很多年以后他还说，写诗的人应该"片言可以明百意，坐驰可以役万景"，前句即指语言的简练与含蓄，后句即指主体的观照与冥想。所以他一方面重视通过锤炼与润饰使诗歌的语言既精巧又自然，而反对多用生僻字眼，提出"为诗用僻字，须有来处……后辈业诗，即须有据，不可率尔道也"；另一方面，他又极重视主体的观照与冥想，在《秋日过鸿举法师寺院便送归江陵诗引》中他曾说："能离欲则方寸地虚，虚而万景入；人必有所泄，乃形于词。……因定而得境，故翛然以清；由慧而遣词，故粹然以丽。"定，是排除杂念的观照，慧，是一种灵感的获得。这样写出来的诗，便能容纳更丰富的内涵，有着更深的意境。因此，刘禹锡的诗大多自然流畅、简练爽利，同时具有一种空旷开阔的时间感和空间感。像他的名句如"芳林新叶催陈叶，流水前波让后波"，"沉舟侧畔千帆过，病树前头万木春",都是他对历史、人生进行沉思之后的一种感悟。这种感悟以形象出现在诗里,不仅有开阔的视界,而且有一种超时距的跨度,显示出历史、现实、未来在这里的交融。

刘禹锡既是文学家,也是哲学家。他的哲学成就比柳宗元还高。战国末年著名的唯物主义哲学家荀子写过一篇《天论》,刘禹锡也写了一篇《天论》。为什么刘禹锡把自己的文章名字起得和荀子一样呢? 这是因为,刘禹锡觉得必须更深入地探讨天与人的关系,否则那种天命鬼神思想太猖狂了。虽然他的好朋友柳宗元也写过一篇《天说》,但是刘禹锡认为柳宗元还没有详尽地论述天和人之间的关系。于是他就再作一篇《天论》,来彻底辩明这个问题,他继承了荀子"人定胜天"的思想,提出了"天人交相胜"的观点,更好地阐明了天与人的关系。

刘禹锡指出,历来有两种对立的观点,一种观点认为天是有智慧的,它默默地主宰着人们的命运,这是唯心主义的有神论;另一种观点认为天没有意志,不能干预和主宰人事,这是唯物主义的无神论思想。刘禹锡认为天是有形物体中的最大的,人是动物中最突出的。天和人都是"物",都是有形体的事物。他说,人有容貌和感官,是因为人有身体;天有日、月、星、辰等变化多端不可揣摩的现象,是因为它有山河五行的气作基础,这种观点虽然在今天看来很幼稚,但刘禹锡本着唯物的精神,用物质来解释物质,还是有可取之处的。

刘禹锡把世界万物都看成是从"气"产生的,而且分成若干种类,先有植物,而后有动物,人则是动物中最有智慧的,能够掌握规律而作用于自然界。他说,世界上具有形象的各种事物彼此之间是有区别的。这种区别就是事物各有各的特定的机能和作用。人和天的区别在于,人和天的机能和作用不同。天所能的,人不能;人所能的,天也有不能。天与人各有各的长处,天能做的是生殖万物;人能做的,是治理万物。人是一定要胜过天的,因为天是没有意志的,而人类智慧最大,能利用自然对人有利的条件。这就是天人交相胜。

刘禹锡还用"操舟驾船"的道理，生动地破除"生死有命""天能赏罚"的天命观。

有人问："我看见两只船在河中行，风力、水势都一样，一只船沉了，另一只却安然无事，那只沉船不是由于天的惩罚吗？"正像一个人的生死寿夭，一切无不是由上天主宰着。

刘禹锡解释说，船在水里行驶，一定有客观规律存在。（他把规律叫做"数"）这规律决定了船沉不沉。船沉了，或者是装的东西太多，或者是操纵不得法，并不是什么天的意志决定的。

又有人问："那么，古人为什么还要讲天命呢？"

刘禹锡回答道："你知道驾船吗？船在河中行驶，是快是慢由人定，想停就停，想走就走。河的水势不大，狂风怒号掀不起波涛，河里的旋涡也成不了大浪。有时候，船走得又快又稳，有时候搁浅甚至翻船，谁都知道是驶船的人的缘故，船上的人没有说这是天意的。为什么呢？因为事情发生的道理，明明白白摆在那儿。船在大海中行驶，就不同了，快、慢、停、走都不好掌握。吹动树枝的小风，能掀起遮天盖日的大浪，车篷大的云朵也可以使天空变幻莫测。船能平安渡过是天意，不幸沉没，也是天意；临近危险，侥幸逃过，也是天意。船上的人没有说是人为的。为什么呢？因为人们不了解事情发生的道理。"

刘禹锡这番话真是入情入理。他指出了人们信不信天命的一个重要原因，就在于能不能认识事物运动的规律；明白道理就不会相信天命，不明白就非信不可。

刘禹锡的诗写得很富于哲理，这大概同他既是文学家又是哲学家大有关系。他给后人留下许多回味无穷的佳句，例如"沉舟侧畔千帆过，病树前头万木春""芳林新叶催陈叶，流水前波让后波""莫道桑榆晚，为霞尚满天"，无不渗透着辩证的意味。

张载的经世致用哲学

中国古代哲学到了宋代，进入了成熟期。张载的关学，周敦颐的濂学，程颢、程颐兄弟的洛学以及南宋朱熹的闽学，并称为理学四大派。可见张载的学说在当时享有极重要的地位，而且对后代也有着深远的影响。明、清两代，张载的著作被认为是理学的代表作，是参加科举考试的秀才、举人们的必读书目。他的学派和他的哲学思想，在宋代以后的中国文化中有重大影响。他创设的"以气为本"的唯心主义宇宙论，系统地运用气和阴阳学说，说明了世界的运动和变化。

张载（公元1020年－1077年），原籍大梁，祖父张复，宋真宗时任给事中，集贤院学士等职，后赠司空。父亲张迪于真宗初携妻陆氏上任于陕西长安。天禧四年（公元1020年）生张载。天圣元年（公元1023年）任涪州（今重庆市涪陵区）知州。后赠尚书督官郎中，祖父和父亲都是中小官吏。张迪在涪州任上病故，家议归葬开封。十五岁的张载和五岁的弟弟张戬与母亲，护送父枢越巴山，奔汉中，出斜谷行至郿县横渠，因路资不足加之前方发生战

张载

乱，无力返回故里开封，遂将父安葬于横渠南大振谷迷狐岭上，全家也就定居于此，以后张载就生活于此，人称他为横渠先生。

张载从小天资聪明，少年丧父，使他成熟较早，当时西夏常对西部边

境侵扰，宋仁宗康定元年（公元 1040 年）初，西夏入侵，庆历四年（公元 1044 年）十月议和。朝廷向西夏"赐"绢、银和茶叶等大量物资。这些国家大事对"少喜谈兵"当时年仅二十一岁的张载刺激极大，他就向时任陕西经略安抚副使、主持西北防务的范仲淹上书《边议九条》，陈述自己的见解和意见，打算联合精通兵法的焦演组织民团去夺回被西夏侵占的洮西失地，为国家建功立业，博取功名。范仲淹在延州（今延安）军府召见了这位志趣不凡的儒生，张载谈论军事边防，保卫家乡，收复失地的打算得到了范仲淹的热情赞扬，认为张载可成大器，劝他道："儒家自有名教，何事于兵。"意思是说你作为儒生，一定可成大器，不须去研究军事，而勉励他去读《中庸》，在儒学上下功夫。张载听从了他的劝告，回家刻苦攻读《中庸》，仍感不满意。于是遍读佛学、道家之书，觉得这些书籍都不能实现自己的宏伟抱负，又回到儒家学说上来，经过十多年的攻读，终于悟出了儒、佛、道互补、互相联系的道理，逐渐建立起自己的学说体系。

庆历二年（公元 1042 年）范仲淹为防御西夏南侵，在安阳府（今甘肃庆阳）城西北修筑大顺城竣工，特请张载到庆阳，撰写了《庆州大顺城记》以资纪念。

仁宗嘉祐二年（公元 1057 年）三十八岁的张载赴汴京（开封）应考，时值欧阳修主考，张载与苏轼、苏辙兄弟同登进士，在候诏待命之际，张载在开封相国寺设虎皮椅讲《易经》。一天晚上，遇洛阳程颢、程颐兄弟，张载是二程的表叔，但他虚心待人，静心听取二程对《易经》的见解，感到自己学得还不够，第二天，他对听讲的人说："今见二程深明《易经》之道，吾所不及，汝辈可师之。"于是撤席罢讲，又对二程说"吾道自足，何事旁求"，表现了他在学术上积极开拓的精神。

张载中进士后，先后任祁州（今河北安国）司法参军，云岩县令（今陕西宜川境内），签书渭州（今甘肃平凉）军事判官等职。在作云岩县令时，办事认真，政令严明，处理政事以"敦本善俗"为先，推行德政，重视道德教育，提倡尊老爱幼的社会风尚。在渭州，他与环庆路经略使蔡挺的关系很好，深受蔡挺的尊重和信任，军府大小之事，都要向他咨询。他曾说服蔡在大灾之年取军资数万救济灾民，并创"兵将法"，推广边防军民联合训练作战，还提出罢除戍兵（中央军）换防，招募当地人取代等建议。在此时他还撰写了《经原路经略司论边事状》和《经略司边事划一》等，展现了他的军事政治才能。

神宗熙宁二年（公元1069年）御史中丞吕公著向神宗推荐张载，称赞张载学有本原，四方之学者皆宗之，可以召对访问。神宗召见张载，问他治国为政的方法，张载"皆以渐复三代（即夏、商、周）为对"。神宗听了非常满意，高兴地说："你先到二府（中书省枢密院）作些事，以后我还要重用你。"张载认为自己刚调入京都，对朝廷王安石变法了解甚少，请求等一段时间再作计议，后被任命为崇文院校书。当时王安石执政变法，想得到张载的支持。有一天见到张载，对他说："朝廷正要推行新法，恐怕不能胜任，想请你帮忙，你愿意吗？"张载回答说："朝廷将大有为，天下之士愿与下风，若与人为善，则孰敢不尽！如教与人追琢，则人亦故有不能。"张载一面赞同政治家应大有作为，但又含蓄地拒绝参与新政的行为，逐渐引起了王安石的反感。张载拟辞去崇文院校书职务，未获批准。不久被派往浙东明州（今浙江省宁波）审理苗振贪污案，案件办毕回朝。此时张载之弟监察御史张戬因反对王安石变法，与王安石发生激烈冲突，被贬知公安县（今湖北江陵），张载估计自己要受到株连，于是辞官回到横渠。

张载回到横渠后，依靠家中数百亩薄田生活，整日讲学读书，"俯而读，仰而思。有得则识之，或半夜坐起，取烛以书……"在这期间，他写下了大量著作，对自己一生的学术成就进行了总结，并亲自带领学生进行恢复古礼和井田制两项实践。为了训诫学者,他作《砭愚》《订顽》训辞(即《东铭》《西铭》),书于大门两侧。张载对推行"井田"用力最多,他曾把自己撰写的《井田议》主张,上奏皇帝,并与学生们买地一块,按照《周礼》的模式,划分为公田、私田等分给无地、少地的农民,并疏通东西二渠"验之一乡"以证明井田制的可行性和有效性。今横渠镇崖下村,扶风午井镇、长安子午镇仍保持着遗迹,至今这一带还流传着"横渠八水验井田"的故事。

熙宁十年(公元1077年)秦凤路(今甘肃天水)守帅吕大防以"张载之学,善法圣人之遗意,其术略可措之以复古"为由,上奏神宗召张载回京任职。此时张载正患肺病,但他说:"吾是行也,不敢以病辞,庶几有遇焉。"意思是说这次召我回京,不能因病推辞,借此机会可施行我的政治理想和主张,便带病入京。神宗让他担任同知太常职务(礼部副职)。当时有人向朝廷建议实行婚冠丧祭之礼,下诏礼官执行,但礼官认为古今习俗不同,无法实行过去的礼制。唯张载认为可行,并指出反对者的作为"非儒生博士所宜",因而十分孤立,加之病重,不久便辞职西归。路经洛阳见到二程时说:"载病不起,尚可及长安也。"当年农历十二月行至临潼,当晚住在馆舍,沐浴就寝,于翌日晨与世长辞,享年五十八岁,临终时只有一个外甥在身边。

张载的一生,两被召觐,三历外仕,著书立说,终身清贫。殁后贫无以殓,在长安的学生闻讯赶来,才得以买棺成殓,护枢回到横渠。翰林院学士许诜等奏明朝廷,乞加赠恤。神宗下诏按崇文院三馆之职,赐丧事支出"半"数,元丰元年(公元1078年)三月,将张载葬于横渠大振谷其父张迪墓南,与弟张戬墓左右相对。

南宋嘉定十三年(公元1220年)宋宁宗赐谥"明公",宋理宗淳祐元年(公元1241年),赐封郿伯,从祀孔庙,明世宗嘉靖九年(公元1530年)改称先儒张子。

张载是北宋新儒学潮流中产生的一代学术宗师，他也是"为天地立心，为生民立道"经世致用的哲学家。

张载一贯主张学问必须和政治结合。他大力弘扬孔孟儒学，就是想要用儒家的治国方法来治理天下。张载特别重视儒家的礼教。他考中进士后，担任云岩县的县令。他这个县令要身体力行关学的治国方法，那就是推行礼教。张载经常在一个月中选择一个好日子，准备一点酒菜，召集乡里的老年人到县衙里聚会。他亲自向老人们敬酒，目的是要人们学习和发扬养老、尊老的传统。同时借这个机会了解一下民间的疾苦。另外，还要借助这些老人，传播自己忠孝仁爱的政治伦理观念。张载还经常把各乡的乡长们召集起来训导，并让他们传达自己的礼教思想。

张载倡导礼教，就是要推行古代儒家的礼仪制度。他教导学生们不论是言谈举止，洒扫应对，还是对待老人、孩子，都要按照礼来进行。对那些未嫁的姑娘，也要进行礼仪教育。由于张载大力提倡推行礼制，使陕西关中一带的民风非常注重礼仪。

张载任地方官期间，也注意为民众办实际事情，比如兴办学校，救灾，发展农业生产。当时北宋王朝经常受到辽和西夏的侵扰，而皇帝却只采取消极防守的策略，致使对外战争经常失败。张载对这种局势感到非常忧虑。他曾提出一个办法，就是把乡民们武装起来，让边防城市的人民也参与抗敌。这样既可克服朝廷的国防费用庞大而兵力不足的困难，也可以使老百姓不必为躲避兵祸而流离他乡。这个兵民结合的主张，对于保家卫国确实是一种有效的办法，可是保守的皇帝却不敢采用武装乡民这个大胆的主张。从张载的这些主张来看，关学的风格正是注重实用。

张载重视教育的作用,认为学习能变化气质。他把人性分成"天地之性"和"气质之性"。天地之性是本然之性,为人所共有,都是善的;气质之性则是人形成后才有的。各人的气质可能有偏,于是有善有恶。对于不善的气质,须用教育使之复归于善,把后来的气质之性去掉,以回复本来的天地之性。张载主张通过道德修养和认识能力的扩充去"尽性"。圣人即天地之性,所以他的教育目的在于学为圣人。

　　张载在教育方法上继承了孔子以后儒家的经验,并有所发展,提出了许多宝贵意见。他坚持教学上的因材施教和循序渐进。要求教师培养学生"刚决果断"的志气,以发挥学习的积极性,不停地前进。他特别重视"思"和"疑"在学习上的作用,他说"学则须疑","逐事要深思","濯去旧见,以来新意"。他认为学生能提出疑问,便说明他有进步,如果可疑而不疑,就表示他不曾学。同时他又认为,"思"可以促进"疑"和"记",经过思索才能产生疑问,只有理解了的东西才容易记忆。他还认为"记"是"思"的基础,"不记则思不起"。他指出了教学过程中记忆、思考和疑难的辩证关系。张载还要求学生虚心,多读书,对书中义理进行比较研究,融会贯通。

　　张载长期生活在基层,十分了解民众的疾苦,而对北宋贫弱的国势,社会危机四伏的现状,他深深地感到不安。每逢灾荒年景,看到老百姓饿死街头,他常常对着饭菜吃不下去。家里的人看见他吃的饭菜太粗糙了,想给他点细粮,可是他告诫家人说:"到处都有饿死的人,我们吃粗粮蔬菜都应感到惭愧。"

　　张载对当时的自然科学非常重视,他研究了天文、地理、历法、生物等科学,以气一元论为基础,建立了自己的天体运动理论。张载由于具有较为深厚的医学和天文学素养,慧眼独具地发现了《黄帝内经》所草创的"宣夜浑天合一"的宇宙图式,并且做了创造性的阐释与发挥。他运用

"宣夜浑天合一说"的确解决了当时的一些天文学难题。比如关于太阳、月亮距离地球孰远孰近的问题。张载的天体观正是因为避开了宣夜说和浑天说各自的短处，方能够提出相对于地球来说日远月近的正确判断。除此之外，张载的天论思想还有一些引人注目的地方。比如，他提出了天体之间相互作用的问题。在《正蒙·参两》篇中，张载指出：日、月与金、木、水、火、土五星"间有缓速不齐者，七政之性殊也"。即是说，七政（日月五星）在运行中各有迟、缓、疾、速，是因为它们的性质各不相同。他又进一步指出："金火附日前后进退而行者，其理精深，存乎物感可知矣。"即认为金星、火星与太阳之间有相互作用的关系，从而影响了金火二星的运行速度。另外，张载还进一步明确阐发了地球运动的思想。他说："动必有机，既谓之机，则动非自外也。"同时又指出了地球自己运动的动因来自于其内部阴阳二气的相互作用。他说宇宙万物的根本就是，气有变化，却不消失，包含了物质不灭的思想。

张载主张"一物两体"，这是在中国哲学史上第一次明确地提出世界运动的本源是事物内部阴阳的对立统一。一切运动的动力，归根结底是阴阳的对立和相互作用，一切具体事物的发展变化都是由于内部的对立和相互作用。张载的一物两体论，表明他对事物内部的对立统一的矛盾法则有相当深刻的认识，这是他的一大哲学功绩。

"二程"的理学思想

北宋大哲学家程颢和程颐是亲兄弟。程颢，人们叫他明道先生，是宋仁宗嘉祐年间的进士；程颐，人们叫他伊川先生，曾担任过两京国子监教授、崇正殿说书等官职。程氏兄弟俩都是周敦颐的学生，因为他们住的地方靠近洛阳，后人称他们的学问叫"洛学"。"洛学"学派对后世影响很大，二程就是洛学创始人。

程颢　　　　　　　　　程颐

两程之所以能成为旷世大儒，除了与他们自身的渊博学识分不开外，也与他们的人生经历密不可分。

两程出身于名门望族。他们的高祖程羽，是宋太祖赵匡胤手下一员将领，也是赵匡义的幕僚之一，以后又做过宋真宗的老师，官至兵部侍郎，死后赠封少卿。曾祖父曾任尚书虞部员外郎，祖父则为吏部尚书。两程的父亲程珦以世家的荫庇，照例做了一个"郊社斋郎"，得到了晋升机会，由此起家，连续做了几十年的中央和地方官，官至太中大夫，到了暮年，才因老病退休。

程颢程颐年龄相差只有一岁。程颢生于公元 1032 年,程颐生于公元 1033 年。程颢自幼聪颖,幼年习诵儒家经典,10 岁能写诗作赋。他不但天资聪颖,并能刻苦学习,20 余岁即中进士,随后做了几任地方小官。由于程颢在地方上有一些政绩,神宗即位之初,由御史中丞吕公著推荐,调回朝廷做了太子中允、权监察御史里行。当时,宋神宗鉴于内外交困,很想有一番作为,有时也召见程颢,但听了他的进言之后,以为不切实用,不感兴趣。这样,程颢知趣地请求退出朝廷,外补做官,遂到京西路提点刑狱,做了一个和知县职位相等的司法官。

程颢在政治上同司马光等共同反对王安石的新法,所以在实行变法的神宗时期,没有得到信任与重用,便以其父年老多病、需要照顾为由,要求退居闲职。他回洛阳后,便与其弟程颐一起每日以读书劝学为事。神宗去世后,哲宗年幼,由高太皇太后听政。这时,反对新法的旧党人物被起用,掌握了政权,程颢也同时被召入京,授为中正寺丞,但还未及上路,便病死在家,终年 54 岁。

程颢的"理"有客观性,是不依人的意志为转移的。他说天理这个道理,是不能穷尽的,也是不依某个人的意志为转移的。"天理"并不会因为社会上有尧那样的好人就存在,也不因为有桀那样的坏人就灭亡,个人的行为好坏,不影响"天理"的变化。他这种观点很接近于对规律客观性的认识。

程颢在认识理论方面有许多独到的见解。他强调人的思维作用,认为人们认识事物,要依靠内心的修养。他指出人的耳朵、眼睛等感觉器官的认识能力,都是有限的,容易出差错,而人的思维能力却能够认识到事物的本质。

进行内心的修养,实际上就是锻炼人的思维能力。提高人的思维能力,程颢靠的是内心的体验。他有两个字作为诀窍。一个是"诚","诚"的本义是真实,不欺骗他人,也不欺骗自己。他认为一个人要认识万事万物,首先必须做到诚实坦然,知道就是知道,不知道就是不知道,不能不懂装懂，违背自己的良心。另一个字是"敬"，"敬"字的本义是外貌端正，行为举止合乎规矩。程颢要人们陶冶性情，做到心平如水，不能有一丝一毫的欲望。

程颢能从许多极小的事情上体验出大道理来。他的学生曾讲过这样一件事：程颢有一天在家中闲坐，看到门边有许多柱子，就随意数了起来，数完以后，觉得不太可靠，想认真再数一遍，结果和上次数的不一样。于是他让别人也数了一下，都和他第一次数的结果相同。于是他认为，他第一次数柱子，是随意的，没有什么欲念，这样就数对了。第二次数时，因为心里有了欲念，也就是心里想着一定要数正确了，结果却数错了。这正好证明了人在认识事物前必须要做到清心寡欲，心如明镜，才会认识准确。

宋神宗熙宁年间（公元 1068 年—1078 年）担任监察御史的程颢，在当山西晋城县令时，曾以寥寥数语破了一件讹诈案。

当时，有一个姓张的财主得急病死了，棺木埋葬后的第二天一早，有个老头来到他家门口，对着财主唯一的儿子说："我是你父亲，现在我年纪大了，无依无靠，来和你一起生活。"接着，老头一五一十向财主的儿子说明了来由。财主的儿子非常惊讶，于是拉着老头一起到了县府，请求县令判断。

老头先说："我是个郎中，因家中贫困，四处流浪，为人治病，一年中很少回家。妻子生下儿子无力抚养，只得狠狠心肠把儿子送给张财主。某年某月某日，由村上的李某抱去，邻居阿毛亲眼看见。"

"事隔那么多年，你怎能把事情说得这么详细呢？"

老头说："我是从远地方行医回村后才听说的，当时记在处方册的背后。"说着从怀里掏出处方册递给程颢，上面用毛笔写道：某年某月某日，某人把小儿抱走，给了张三翁。

程颢问财主的儿子："你今年多大岁数？"

财主的儿子答道："36 岁。"

程颢又问："你父亲今年多大年纪？"

"76 岁！"

程颢对老头说："听见了吧，这人出生的时候，他父亲才40岁，这样的年纪，别人怎么会称作张三翁呢？"

老头听罢，惊恐异常，承认了自己妄想讹诈财主家的钱物，夺人田地，才来冒认儿子。

程颐"幼有高识，非礼不动"，18岁时写的《颜子所好何学论》，得到当时掌管太学的大儒胡瑗之赏识，立即传他相见，又"处以学职"，年轻的程颐从此一举出名，与他同在太学读书的吕希哲等人竟来拜他为师。然而如此"名声在外"的程颐，26岁时竟然考进士未中，如此挫折想必对他打击不小，于是从此绝意仕途，长期以"处士"的身份潜心于孔孟之道，从事讲学活动。

王安石变法失败后，司马光等人掌握了政权，程颐也有了出头之日，并被推举做了皇帝的老师。但没过多长时间，由于他在皇帝面前"议论褒贬，无所顾避"，这就一方面使其名声越来越大，吸引了许多读书人纷纷向他拜师问学，另一方面也引起了一些朝臣对他的不满，要求把他"放还田里，以示典刑"。在这种形势逼迫之下，他主动辞职回乡。程颐自公元1088年起，便基本上脱离了政治生活，在洛阳从事讲学活动。尽管如此，到了公元1096年，新党再度执政，他仍被定为反对新党的"奸党"成员，贬到四川，公元1100年才被赦免而回到洛阳。公元1103年，又有人参他著书诽谤朝政，皇帝命人审查他的著作，驱散他的学生。在此境遇下，程颐只好从洛阳回到程村居住，并于公元1107年病死家中。

程颐主张，教育以德育为重，强调自我修养，其途径为致知、格物、穷理。"致知则智识当自渐明"，致知乃在穷理，即尽天理。致知的办法是"格物"。"格者，至也"，"格"是内感于物而识其理。"耳目能视听而不能远者，气有限耳，心则无远近也"，因此认识事物的关键乃在"心"。心"与天地合其德，与日月合其明，非在外也"，故致知重"内感"而不重外面事物。在学习方法上,强调求其意,"凡看文字,先须晓其文义,然后可求其意,未有文义不晓而见意者也"。另外,主张读书要思考,"不深思则不能造其学"。或曰:"学者亦有无思而得其乎?"其教育主张和思想对后世教育影响极大。后人曾在他讲学之地设书院以为纪念,如河南嵩阳书院、伊川书院等。另外,全国各地亦有纪念他的书院,意在追踪继轨,以示其思想绵长。程颐的思想里有丰富的辩证法观点,这是他跟程颢相比的优点。程颐否认天道不变,他说,天下万物,没有停止不变的东西,婴儿一生下来,生长一天就等于是离死亡近一天。他说有生就有死,有死就有生。世界万物都处在不停地生灭变化中。

程颐也不同意孔子说的"上智与下愚不移"。程颐说人的本性都是差不多的,人除非是自暴自弃,不求进取,否则愚蠢的人也能变成聪明的人。

当然,各种事物的变化也是有规律可遵循的。规律具有重复性、稳定性。他说宇宙间的变化无穷,各种现象每时每刻都在改变,但规律却是稳定的。比如阴阳、日月、寒暑、昼夜的对立现象,都是在不断地重复出现,都是有规则可认识的。

程颐在分析火的产生时,说明了各种现象发生、发展的根源。他说,古代的人们钻木取火,人们都说火是产生在木头中,其实错了。两块木头相互摩擦,力量达到极限时,就会产生阳气,火就着了。正如当今的人们用石头互相碰击,生出火花,不只是木头才可以产生火,石头也能产生火。天地万物产生的根源就在于阴阳的对立斗争,在于对立面的矛盾转化。

程颐还有明显的无神论思想。他认为自然现象中没有鬼神主宰。他说,人们说有人能大白天飞到天上,这是无稽之谈,至于隐居在山林练习气功,延年益寿的事情是真的。另外,他还解释了下雨的现象是水汽蒸发到天上,然后又在气候作用下降落地上的。他认为气就是神。无知的人们不知道这个道理,却去庙里祈求神道降雨。

程颐认为一个人只有在切身体验中,才能认识真正的知识,才能对事物有深刻的认识。他曾说过这样一件事,说曾经有一个人,被老虎咬伤,回来后听人谈起老虎,脸上便露出极度的恐惧。别人听他说老虎是多么的可怕,却不如他那样有透彻心肺的恐惧感,别的人实际上还不知道真正的老虎。这就像学习知识,学到深处就会有那个被虎咬伤的人那种深切的体验,学得不深的也只能有一种肤浅的认识。

黑格尔也曾经说过,同一句生活格言,由年轻人说出与由一个饱经风霜的老人说出,它的分量是不一样的。

可见二程在认识理论方面都讲究个人的内心修养,这种内心的修养有的是读书所学到的知识,有的是生活和生命历程中所积累的体验,有了这些修养,一个人的认识能力、认识的深度就会提高加深。

程颢和程颐的学说很相近。他们都认为世界万物的最后根源是"理",这个理既是产生万物的最后原因,也是万物产生、发展、灭亡的规律,而且还跟人的意识相通。

程颢与程颐一起,创立了"天理"学说。程颢曾说过:"吾学虽有所受,'天理'二字却是自家体贴出来。""理"因此成为二程哲学的核心,宋明理学也就从此得名。二程兄弟所谓的"理",既是指自然的普遍法则,也是指人类社会的当然原则,它适用于自然、社会和一切具体事物。这就把儒家传统的"天人合一"思想,用"天人一理"的形式表达了出来,中国上古哲学中"天"所具有的本体地位,现在开始用"理"来代替了,这是二程对中国哲学的一大贡献。

另外,在程颐的哲学中,对孔子的"仁"学有新的发展。他认为,"大抵尽仁道,即是圣人"。又说:"学者须知识仁,仁者浑然与物同体,义、礼、知、信皆仁也。"他把先秦儒家"仁学"所强调的爱人、博施济众、克己复礼等,进一步发展成为与"万物为一体"的境界,认为前者还只是仁的"用"(表现),后者才是仁的"体"(根本)。这一思想与张载的"民胞物与"思想有相通之处。

二程的哲学广博精深,其中包含许多有价值的思想,是值得学习借鉴的。

一代理学宗师朱熹

朱熹（公元 1130 年－1200 年）字元晦，一字仲晦，号晦庵、晦翁、考亭先生、云谷老人、沧州病叟、逆翁。汉族，南宋江南东路徽州府人。19 岁进士及第，曾任荆湖南路安抚使，仕至宝文阁待制。为政期间，申敕令，惩奸吏，治绩显赫。南宋著名的理学家、思想家、哲学家、教育家、诗人、闽学派的代表人物，世称朱子，是孔子、孟子以来最杰出的弘扬儒学的大师。

朱熹

然而，朱熹的命运属于那种身世坎坷，身后荣耀一类。在朱熹死后不久，南宋的理宗皇帝认为朱熹的理学很有利于治理国家，便追封朱熹为"太师""朱文公"，不久又改为"徽国公"，下令把朱熹的牌位供奉在孔庙，让他同孔子一起享受后人的顶礼膜拜。

与死后的荣耀相对照，朱熹在世的日子总体说来是不得志的。他一生的大部分时间都在从事读书、讲学和注释儒家经典著作。他虽然多次担任地方官职，但每次的时间都不长。他从 20 岁开始做官，到 71 岁去世，总共被授予官职二十多次。可是由于朝廷中有奸臣作祟，朱熹多次受到排挤，或者是他不愿与奸臣同流合污，辞官不做，因此，他真正在地方上做官总共不过 10 年，在朝廷中做官仅仅 40 天。可见，他在世时并没有受到当时统治者的重用。而中国古代的知识分子大多把做官看做施展抱负的途径,不能被重用,不能把一生所学付诸实践,总的说来是可惜的。

从朱熹的家世来看,他的祖辈世代做官,在家乡很有名气。朱熹的父亲朱松也是进士出身,曾做过县尉。但在朱熹出生的那年,就丢了官,只好靠教书谋生,家里也不宽裕。更为不幸的是,当朱熹14岁的时候,他的父亲就去世了。年幼的朱熹,按照父亲遗嘱的安排,依靠父亲生前好友刘子羽过日子。

朱熹出身于儒学世家,他的父亲是著名理学家罗从彦的学生。朱松对儿子的教育十分认真。《宋史》中记载,朱熹小时候很聪明,刚会说话时,父亲指着天告诉他:"这就是天。"小朱熹就问道:"天上有什么东西?"这个传说,说明朱熹从小就是一个具有强烈求知欲望的人。

朱熹从小就在父亲的教导下刻苦攻读,因为他的父亲立志要把他培养成一个"圣人"。朱熹10岁的时候,每天如痴如醉地攻读《大学》《中庸》《论语》《孟子》。从此,他立志要当孔孟那样的圣人,后来他还教育学生说:"平凡的人也应该有做圣人的雄心壮志。"

据记载,朱熹十五六岁读《中庸》,别人读一遍,他读百遍,别人读十遍,他读千遍,决心通过不断读书的积累,达到融会贯通其中哲理的目标。

由于朱熹学习上进步很快,他在18岁时就考上了举人,19岁又考中进士。取得进士资格后,朱熹又开始了勤奋学习。24岁时,他又徒步走了几百里路,向当时著名哲学家、他父亲的同学李侗学习。跟随李侗后,朱熹很快掌握了二程的学术成果,并成了宋明理学家中的最高代表。

朱熹认为在超现实、超社会之上存在一种标准,它是人们一切行为的标准,即"天理"。只有去发现(格物穷理)和遵循天理,才是真、善、美。而破坏这种真、善、美的是"人欲"。因此,他提出"存天理,灭人欲"。这就是朱熹客观唯心主义思想的核心。淳熙三年（公元 1176 年），朱熹与当时著名学者陆九渊相会于江西上饶鹅湖寺，交流思想。但陆九渊属主观唯心论，他认为人们心中先天存在着真、善、美，主张"发明本心"，即要求人们自己在心中去发现真、善、美，达到自我完善。这与朱熹的客观唯心说的主张不同。因此，二人辩论争持，以至互相嘲讽，不欢而散。这就是中国思想史上有名的"鹅湖会"。从此有了"理学"与"心学"两大派别。

绍兴三十一年（公元 1161 年）秋，宋金关系紧张，金统治者完颜亮分兵四路南进，马踏长江北岸。宋高宗准备出海南逃，由于右相陈康伯竭力劝阻而作罢。不久宋军击溃金兵，消息传至当时朱熹求学的延平，朱熹为民族的胜利欣喜若狂，写下了庆贺的诗篇，表达他不可抑制的喜悦心情。同时，他又给负责军事的大臣写信，指出必须乘胜出击，坐视中原而不进取是不明智的。不久高宗退位，孝宗继立，在广大军民要求的压力下，起用了抗战派张浚，平反了岳飞的冤案，贬退了秦桧党人，朱熹这时上奏孝宗，提出了讲求格物致知之学、罢黜和议及任用贤能三项建议，在奏章中鲜明表达了他的反和主张。

这一奏章使朱熹得幸被召。他赶至临安，正值宋军失利，朝廷派人议和，朱熹仍强烈反对，在孝宗接见时连上几道奏章，慷慨陈词。孝宗有感朱熹的忠心，命其为开学博士侍次，此职非其所长，未免有点讽刺。朱熹乘机面见张浚，提出北伐中原的具体想法。但不久张浚罢相，出任外地，病死途中。朱熹专程赶至豫章（今南昌）哭灵，痛惜抗金受挫。此时朝廷内主和派势力猖獗，金兵渡过淮水。朱熹对此忧心如焚，但难有所为。隆兴元年（公元 1163 年），朱熹回福建崇安，临行前在给友人的信中写道："夫沮（阻）国家恢复之大计者，讲和之说也；坏边陲备御之常规者，讲和之说也；内（拂）吾民忠义之心，而外绝故国来苏之望者，讲和之说也……"尖锐地抨击了那些议和投降派。

1164 年,金朝打压宋朝,隆兴协议之后,宋金结为侄叔,关系暂时缓和下来,朱熹便一头钻进理学中去了。他在故里修起"寒泉精舍",住此十余年,编写了大量的道学书籍,并从事讲学活动,生徒盈门。这一期间他对朝廷屡诏不应。

朱熹做官很正直,能够体察民情。公元 1167 年福建一个地方发生了大水灾,朝廷派朱熹前去视察民情。他访察当地的详细情况,发现由于灾情严重,粮食没有收成,地方官又不认真救济,到了青黄不接的时候,许多地方发生了农民暴动。朱熹与地方官发起救济活动,要求豪富人家出粮出钱救济百姓,又请求朝廷运来皇粮,才算平息了饥民暴动。从此,朱熹又想出了建立救济灾难的粮仓,并建议朝廷推广运用,作为解决农民在青黄不接时的口粮的办法。他还规定在青黄不接的时候,把粮食按20％的利息借给农民,可以避免农民向豪强地主借粮受到剥削。如果发生小的饥荒,利息可以减半;如果发生大饥荒,可以免除利息。

朱熹做官期间,表现了卓越的见识和不畏强暴的胆识。然而他所研究的哲学思想没有得到当时统治者的赏识。他几次上书皇帝运用理学来治理国家,都没有受到重视。别人劝他说,别再上书了,皇帝不想听你那一套说教,但他还是不断地上书。由于他的话激怒了皇帝,皇帝竟然罢除了他的官职,还取消了他做官的资格。后来,朝廷干脆把儒家的经典《六经》《论语》《孟子》《中庸》《大学》当做禁书,把朱熹的理学当做"伪学",把许多理学家列为"逆党"。朱熹受到了沉重的打击,以至于许多人路过他家门都不敢进去看望他。但朱熹却能镇静自若,照常给学生讲学,直到老死。

公元 1178 年朱熹东山再起,出任"知南康军",尽管他重新入仕,却未忘自己的学者身份。在庐山唐代李渤隐居旧址,建立"白鹿洞书院"进行讲学,并制定一整套学规。即:

"父子有亲、君臣有义、夫妇有别、长幼有序、朋友有信"的"五教之目"。

"博学之，审问之，谨思之，明辨之，笃行之"的"为学之序"。

"言忠信，行笃敬，惩忿窒欲，迁善改过"的"修身之要"。

"政权其义不谋其利，明其道不计其功"的"处事之要"。

"已所不欲，勿施于人，行有不得，反求诸己"的"接物之要"。

这个"白鹿洞书院"后来成为我国著名的四大书院之一，而其"学规"则成为各书院的楷模，对后世产生了巨大影响。

公元1181年朱熹解职回乡，广召门徒，传播理学。为了帮助人们学习儒家经典，他又于儒家经典中精心节选出"四书"（《大学》《中庸》《论语》《孟子》），并刻印发行。这是教育史上的一件大事。"四书"影响深远，后来成为封建教育的教科书，使儒家思想成为全面控制中国封建社会的思想。

朱熹的一生志在树立理学，使之成为统治思想。但因理学初出，影响不深。同时，朱熹在官场上因品性耿直而得罪权臣，致使朱熹晚年落得一个悲剧的结局。

公元1181年8月浙东饥荒，朱熹由宰相王淮推荐任提举两浙东路常平茶盐公事。途经杭州，入对七札，陈述时弊。到职后，微服下访，调查时弊和贪官污吏的劣迹，弹劾了一批贪官。他不徇私情，牵连攻击了王淮等人。于是，王淮指使人上书抨击理学，斥其为"伪学"，朱熹被解职还乡。

公元1187年朱熹出任江南西路提点刑狱公事，管理赣州（赣县）、江州（九江）一带地方的司法、刑狱、监察、农事等方面事务。不久王淮罢去，理学一时得势，朱熹更是仕途顺利。几年后受当时南宋宰相赵汝愚推荐，当上焕章阁待制兼侍讲，即皇帝的顾问和教师。

公元 1190 年朱熹知福建漳州,时值土地兼并盛行,官僚地主倚势吞并农民耕地,而税额没有随地划归地主,致使"田税不均",失地农民受到更为沉重的剥削,阶级矛盾激化。为此,朱熹提出"经界",即核实田亩,随地纳税。这一建议势必减轻农民负担,损害大地主的利益,所以遭到后者的强烈反对。"经界"终于未能推行,朱熹愤怒不已,辞职离去,以示抗议。

公元 1193 年朱熹任职于湖南,不顾政务缠身,又主持修复了四大书院之一的另一著名书院——岳麓书院,使之与白鹿洞书院一样,成为朱熹讲学授徒、传播理学的场所。书院在南宋盛行,几乎取代官学,这种盛况是与朱熹的提倡直接有关的。

岳麓书院

庆元六年(公元 1200 年)三月初九,朱熹在建阳家里忧愤而死,享年71 岁。朱熹临死还在修改《大学·诚意章》,可见他是如何矢志于树立自己的理学,然而生前终未如愿。

朱熹在总结前人教育经验和自己教育实践的基础上,基于对人的生理和心理特征的初步认识,把一个人的教育分成"小学"和"大学"两个既有区别又有联系的阶段,并提出了两者不同的教育任务、内容和方法。朱熹认为8~15岁为小学教育阶段,其任务是培养"圣贤坯璞"。鉴于小学儿童"智识未开",思维能力薄弱,因此他提出小学教育的内容是"学其事",主张儿童在日常生活中,通过具体行事,懂得基本的伦理道德规范,养成一定的行为习惯,学习初步的文化知识技能。在教育方法上,朱熹强调先入为主,及早施教;要力求形象、生动,能激发兴趣;以《须知》《学规》的形式培养儿童道德行为习惯。朱熹认为15岁以后为大学教育,其任务是在"坯璞"的基础上再"加光饰",把他们培养成为国家所需要的人才。与重在"教事"的小学教育不同,大学教育内容的重点是"教理",即重在探究"事物之所以然"。对于大学教育方法,朱熹一是重视自学,二是提倡不同学术观点之间的相互交流。朱熹关于小学和大学教育的见解,为中国古代教育思想增添了新鲜的内容。

此外,朱熹所遗留下的家训,一直被中国人奉为持家教子的经典。朱子家训上说:当国君所珍贵的是"仁",爱护人民。当人臣所珍贵的是"忠",忠君爱国。当父亲所珍贵的是"慈",疼爱子女。当儿子所珍贵的是"孝",孝顺父母。当兄长所珍贵的是"友",爱护弟弟。当弟弟所珍贵的是"恭",尊敬兄长。当丈夫所珍贵的是"和",对妻子和睦。当妻子所珍贵的是"柔",对丈夫温顺。侍奉师长要有礼貌,交朋友应当重视信用。遇见老人要尊敬,遇见小孩要爱护。有德行的人,即使年纪比我小,我一定尊敬他。品行不端的人,即使年纪比我大,我一定远离他。不要随便议论别人的缺点;切莫夸耀自己的长处。对有仇隙的人,用讲事实摆道理的办法来解除仇隙。对埋怨自己的人,用坦诚正直的态度来对待他。不论是得意或顺意或困难逆境,都要平静安详,不动感情。别人有小过失,要谅解容忍;别人有大错误,要按道理劝导帮助他。不要因为是细小的好事就不去做，不要因为是细小的坏事就去做。别人做了坏事，应该帮助他改过，不要宣扬他的恶行；别人做了好事，应该多加表扬。待人办事没有私人仇怨，治理家务不要另立私法。不要做损人利己的事，不要妒忌贤才和嫉视有能力的人。不要声言忿愤对待蛮不讲理的人，不要违反正当事理而随便伤害人和动物的生命。不要接受不义的财物，遇到合理的事物要拥护。不可不勤读诗书，不可不懂得礼义。子孙一定要教育，童仆一定要怜恤。一定要尊敬有德行有学识的人，一定要扶助有困难的人。这些都是做人应该懂得的道理，每个人尽本分去做才符合"礼"的标准。这样做也就完成天地万物赋予我们的使命，顺乎"天命"的道理法则。

朱熹继承周敦颐、二程，兼采释、道各家思想，形成了一个庞大的哲学体系。这一体系的核心范畴是"理"，或称"道"。朱熹所谓的理，有三方面互相联系的含义：首先理是先于自然现象和社会现象的形而上者。他认为理比气更根本，逻辑上理先于气；同时，气有变化的能动性，理不能离开气。他认为万物各有其理，而万物之理终归一，这就是"太极"；其次理是事物的规律；第三理是伦理道德的基本准则。朱熹又称理为太极，是天地万物之理的总体，即总万理的那个理。"太极只是一个理字"。太极既包括万物之理，万物便可分别体现整个太极。这便是人人有一太极，物物有一太极。每一个人和物都以抽象的理作为它存在的根据，每一个人和物都具有完整的理，即"理一"。气是朱熹哲学体系中仅次于理的第二个范畴。它是形而下者，是有情、有状、有迹的；它具有凝聚、造作等特性。它是铸成万物的质料。天下万物都是理和质料相统一的产物。朱熹认为理和气的关系有主有次。理生气并寓于气中，理为主，为先，是第一性的，气为客，为后，属第二性。朱熹主张理依气而生物，并从气展开了一分为二、动静不息的生物运动，这便是一气分做二气，动的是阳，静的是阴，又分做五气（金、木、水、火、土），散为万物。一分为二是从气分化为物过程中的重要运动形态。朱熹认为由对立统一，而使事物变化无穷。他探讨了事物的成因，把运动和静止看成是一个无限连续的过程。时空的无限性又说明了动静的无限性，动静又是不可分的。这表现了朱熹思想的辩证法观点。朱熹还论述了运动的相对稳定和显著变动这两种形态，他称之为"变"与"化"。他认为渐化中渗透着顿变，顿变中渗透着渐化。渐化积累到一定程度则达到顿变。

朱熹用《大学》"致知在格物"的命题，探讨认识领域中的理论问题。在认识来源问题上，朱熹既讲人生而有知的先验论，也不否认见闻之知。他强调穷理离不得格物，即格物才能穷其理。朱熹探讨了知行关系，他认为知先行后，行重知轻。从知识来源上说，知在先；从社会效果上看，行为重，且知行互发，"知之愈明，则行之愈笃；行之愈笃，则知之益明"。

在人性论上，朱熹发挥了张载和程颐的天地之性与气质之性的观点，认为"天地之性"或"天命之性"专指理言，是至善的、完美无缺的；"气质之性"则以理与气质而言，有善有不善，两者统一在人身上，缺一则"做人不得"。与"天命之性"和"气质之性"有联系的，还有"道心、人心"的理论。朱熹认为，"道心"出于天理或性命之正，本来便禀受得仁义礼智之心，发而为恻隐、羞恶、是非、辞让，则为善。"人心"出于形气之私，是指饥食渴饮之类。如是，虽圣人亦不能无人心。不过圣人不以人心为主，而以道心为主。他认为"道心"与"人心"的关系既矛盾又联结，"道心"需要通过"人心"来安顿。"道心"与"人心"还有主从关系，"人心"须听命于"道心"。朱熹从心性说出发，探讨了天理人欲问题。他以为人心有私欲，所以危殆；道心是天理，所以精微。因此朱熹提出了"遏人欲而存天理"的主张。朱熹承认人们正当的物质生活欲望，反对佛教笼统地倡导无欲，他反对超过延续生存条件的物质欲望。

朱熹的哲学体系中含有艺术美的理论。他认为美是给人以美感的形式和道德善的统一。基于美是外在形式的美和内在道德的善相统一的观点,朱熹探讨了文与质、文与道的问题。认为文与质、文与道和谐统一才是完美的。朱熹还多次谈到乐的问题。他把乐与礼联系起来,贯穿了他把乐纳入礼以维护统治秩序的理学根本精神。朱熹对"文""道"关系的解决,在哲学思辨的深度上超过了前人。他对《诗经》与《楚辞》的研究,也经常表现出敏锐的审美洞察力。

朱熹的哲学虽然整体上是唯心主义的,但其中包含了许多辩证思想。正是有着丰富的辩证法思想,他的哲学才显得博大精深。比如他认为在自然界和社会的一切现象中,都存在着两两相对的矛盾,而且矛盾中又有着矛盾对立面,任何事物的内部都是一分为二的。事物除了对立关系,还存在着相互联系和相互依赖的关系,而且对立的两个方面可以相互转化。但是他的许多合理思想都被窒息在唯心主义体系中,他的哲学的最后结论是不变的"太极",而"太极"又是一个有意志的东西。

朱熹年轻时,读书的范围十分广博,除四书、五经之外,还读了佛教、道家、楚辞、兵书、史书等书籍,并且还学了不少自然科学知识。正是这十分广博的知识,才使他的哲学毫不枯燥,充满了哲理的意味,又不失其他知识的佐证。

"心学祖师"陆九渊

陆九渊（公元1139年—1192年），字子静，江西抚州金溪县人，我国南宋思想家、教育家。曾在贵溪龙虎山建茅舍聚徒讲学，因其山形似象，自号象山翁，世称"象山先生"。出生在一个没落的官僚地主兼商人家庭。其父陆贺，喜研儒学，重封建礼教，曾被授为宣书郎。兄弟6人中，除二兄经营药铺外，其余都讲学著书并知名于世。九渊受四兄九韶、五兄九龄的影响极大，共同形成了风格独特的陆学。后人称之为"江西三陆"。

陆九渊

陆九渊自幼聪明好学，是一个早熟儿童，《行状》说他幼年时期"遇事物必致问"，三四岁时，"一日忽问：'天地何所穷际'？"其父"笑而不答，遂深思至寝食"。五六岁时，"闻人诵伊川语，自觉若伤我者，亦尝问人曰：'伊川之言，奚与孔子孟子之言不类？'"开始怀疑程颐的学说，认为同孔孟不一致。这说明他很善于思考，在学习中能够提出问题，具有自己的独立思考，不受权威的束缚。这种学习态度和学习方法，对他后来能够在学术研究中自成一家，有着重大的关系。

勤学好问和早熟的陆九渊长到十六七岁时，更是少年气盛，能为国事担忧。16岁时"读三国六朝史，见夷狄乱华，又闻长上道靖康之事"，便慨然剪去长长的指甲，开始学习骑马射箭，并且说道："吾人读《春秋》，知中国夷狄之辨，二圣之仇可不复！所欲有甚于生，所恶有甚于死，今吾人高居优游,亦可为耻。"从此便立下了抗金复国之志。所谓"中国夷狄之辨"虽是狭隘的民族主义思想,然其反抗侵略、恢复统一的要求,则是符合人民的愿望和利益的。对于那些不关心国家安危,只顾眼前享乐、但求苟安一时的无义之徒,他深以为耻、这种忧国忧民的爱国思想,是值得称赞的。

宋高宗绍兴三十二年(1162年),陆九渊参加乡试,以《周礼》中举,名列第四,考官王景文对他的考卷内容十分满意,笔批说:"毫发无遗恨,波澜独老成。"这表明,青年时期的陆九渊,不仅学问很好,并且已经成熟了。宋孝宗乾道七年(1171年)再参加乡试,又以《易经》中举。次年赴京应南官试,一举中了进士,当时主持南宫的考官就是吕祖谦,他早闻陆子静之名,敬其人而爱其文。事隔多年后,他回忆当时的感受说:"那时看了你的高文,顿觉心开目朗,就知道作者是江西陆子静了。"此后,陆九渊在学术界的名声更大了,"时俊杰咸从之游,先生朝夕应酬答问,学者踵至,至不得寐"。从这以后,他开始了讲学生涯,同时也进入了仕途生活。

中进士后,于宋孝宗淳熙元年授迪功郎、兴隆府靖海县(今江西靖安县)主簿。淳熙九军(1182年)又被推荐为国子正,到太学任教,接着再迁敕令所删定官(担任修订法令之职)。淳熙十三年(1186年)冬,主管台州(府治在今浙江临安县)崇道观。淳熙十六年(1189年)知荆门年(治所驻今湖北荆门县,下辖荆门、当阳二县)。当时的荆门距金人治区不远,他听说金人有南侵之意,仍然携带家眷赴任,表现了他热心报国之决心。荆门地区位于长江以北、汉江以西,境内民情复杂,吏风不良,工作任务十分繁重。陆九渊与罗春伯的信中说:"不少朝夕,潜究密考,略无稍暇,外人盖不知也,真所谓心独苦也。"在荆门任职期间,陆九渊主要做了下面几件事:

第一件事,为了防御金人南侵,修筑了荆门城池。荆门素无城池,这里自古以来就是战争之地,在当时也是第二防线,地处长江、汉水之间,为四方云集之地，于此地加强防御，可以南捍江陵，北援襄阳，东护隋、郧（指湖北隋县至江陵一带）之胁，西当光化（在今湖北西北部）、夷陵（今湖北宜昌）之要冲。他认为，只要荆门强固了，周围地区才有安全感。在筑城过程中，陆九渊亲自到现场督工，经过一番努力，用较短时间，一道新的荆门城墙和护城河终于建成了，这就加强了荆门地区的国防设施。此外，他又组织了烟火队，加强了抗金实力，维持了地方秩序。

第二件事，在修筑城池的同时，又修建了郡学贡院和客馆官舍。

第三件事，整治了军士的逃亡现象，整饬了公务人员的纪律。

第四件事，改进了税收工作，简化了税收制度，减轻了商税，制止了官吏对商人的额外勒索，招来了四方客商，繁荣了市场，使商税有所增加。

此外，他在荆门还积极进行了讲学活动。每逢朔望及暇日，都到府学去讲课。一次，他讲《洪范》《皇极》一章时，竟有吏卒、士人和百姓五六百人听讲。

自公元1172年中进士之后，陆九渊便开始了他的授徒讲学生涯，即使在做官的任期中，也没有停止过教学和学术活动。

刚中进士客居临安时，就有许多士人慕名前来求教，陆九渊"朝夕应酬答问，学者踵至，至不得寝者余四十日"。首先向他拜师的人，就是富阳主簿杨简。在家候职三年中，他将家中的槐堂辟为讲学场所。在此期间，便确立了自己以"本心"为其学说基本范畴的理论思维方向，从事"心学"体系的建设，很快便树立起同朱熹以"理"为中心范畴相对峙的"心学"派别。由于陆九渊在宋代新儒学中独树一帜，积极宣扬了"心即理也"的心学本体论学说，顿时就在学术界掀起了不小的波澜。当时另一位著名学者吕祖谦有鉴于朱陆"议论犹有异同，欲会归于一，而定其适从"，企图通过互相交流来调和两家之分歧。淳熙元年（1175年），邀请了陆九渊、陆九龄和朱熹一同到信州（今江西上饶）鹅湖寺，进行学术讨论。与会者除陆氏兄弟和朱熹、吕祖谦四人之外，还有赵景明、刘子澄、赵景昭等人。

"鹅湖之会"所讨论的主要问题是"为学之方",即治学和修养方法问题。讨论一开始,陆氏兄弟便各做一诗以表白自己的观点,他们在诗中称自己的为学之方是"易简功夫",讥讽朱熹的治学方法是"支离事业"。朱熹听了二陆的诗,虽然很不高兴,但仍坚持讨论了三天。最后,由于双方各自坚持自己的观点,讨论没有达到预计的目的。鹅湖之会以后,"理学"和"心学"之分就十分明显了。

所谓"易简功夫",就是教人先要树立一个基本立场,这就是通过"切己自反"来"发明本心",即所谓"先立乎其大者"。陆九渊认为,如果这样做了,即使"不识一字,亦还我堂堂地做个人"。所谓"支离事业",是指朱熹要求通过"格物致知"和"泛观博览"去认识与掌握"天理"的方法,陆九渊称此种方法为"支离事业"。在陆九渊看来,"易简功夫"是经得住历史考验的"久大"功夫,"支离事业"毕竟是时浮时沉而不可靠的。

尽管双方在学术观点上存在着不可调和的分歧,但他们之间的讨论,仍然是一次自由讨论,彼此都能各抒己见,并未出现水火不相容的现象。由于双方都能求同存异,互相尊重,自鹅湖之会以后,朱陆二人常有书函来往,交流意见。特别应该提到,在鹅湖之会五年之后,陆九渊带领了几个学生去拜访朱熹,当时朱在南康做知州,主办了驰名全国的"白鹿洞书院"。当陆九渊到南康时,朱亲率同僚、诸生迎接。在此期间,还特请陆九渊为书院师生讲学。陆九渊以《论语》中"君子喻于义,小人喻于利"为题,作了精彩发挥,听者无不为之所动,给白鹿洞书院的师生留下了良好的印象。朱熹也非赏赞赏陆的讲演,当时,又请陆九渊将此次讲学之讲词书写成文,作为白鹿洞书院的讲义。

陆九渊讲学活动的最盛时期,是他在淳熙十三年(1186 年)主管台州崇道观期间,这是一个闲差,他有机会回到故里,专事讲学活动。《年谱》记载了当时的盛况:"学者辐辏,时乡曲长老,亦俯首听诲。每诣城邑,环坐率二三百人,至不能容,徙寺观,县官为设讲席于学宫,听者贵贱老小,溢途巷。从游之盛,未见有此。"说明陆九渊当时的学术活动在社会上影响之大。第二年(1187年)他受门人彭兴、宋世昌等人邀请,去到风景秀丽的贵溪县应天山讲学,他们在山上修建了精舍,聚集了一批学生,定居下来,进行讲学活动。又次年,陆九渊见此山状如大象,因改应天山为"象山"。"学徒结庐,先生既居精舍,又得胜处为讲堂及部勒群山阁,又作圆巷,学徒各来结庐,相与讲习。"规模之盛,令陆九渊十分惬意。他在应天山住了五年,其间来见教者逾数千人。这个时期,他充分地阐发了自己的"心学"理论,其影响也逐渐扩大,这是陆九渊的学术高潮时期。他不承认朱熹是"道统"的继承者,自认为是孟子之后的正统儒学继承者。

绍熙三年(1192年),54岁的陆九渊病逝于荆门任所,他的讲学活动就此终止。陆九渊死后,其学生竭力坚持师说,并为其争儒学的正统地位。嘉定十年(公元1217年),朝廷给陆九渊"文安"的谥号,其生平学术终于得到统治阶级的认可。

陆九渊一生的辉煌在于创立"心学",从事传道授业活动。他从其"心"学"尊德性"的根本原则出发,也就是说德性的本源在于人的心性,德性人格在于内心自觉,只能在心中做功夫。他与朱熹为代表的正宗理学相抗衡。朱熹持客观唯心主义观点,主张通过博览群书和对外物的观察来启发内心的知识;陆九渊持主观唯心主义观点,认为"心即是理",毋须在读书穷理方面过多地费功夫。因此,他认为教育的根本目的在于使学者"志道、明理、立心、做人"。

所谓"志道"就是要学生树立维护封建道德的志愿和目标。陆九渊认为,志于道有利于学生"据于德",即保持良好的品德;"依于仁",即具有仁爱之心;"游于艺",即在学习技艺的过程中养成封建的道义、品德和爱心。这反映了德为艺之首和寓德于游艺之中的思想。

陆九渊还认为,志于道,就是让学生明公私,辨义利。他说:"私意与公理,利欲与道义,其势不两立。"他极力倡导要做志于义的君子,不做志于利的小人。总之,陆九渊把维护封建道义视为维护封建统治的根本,是治学育人必须抓住的根本大计。

所谓明理,是陆九渊志道思想的进一步阐发。他认为理即是道,所以志道必须明理,即必须明了封建的伦理观念和等级规范。他说:"塞宇宙一理耳,学者之所以学,欲明此理耳。"又说:"引理苟明,则自有实行,有实事。"他认为,人们懂得了封建的伦理规范,就会有实际的行动,就会干出实在的事业,为封建统治事业服务。

所谓立志,是陆九渊志道明理思想的本质体现。它集中反映了心学理论的主观唯心主义特色。陆九渊认为"心即理",封建伦理是本心固有的先验的东西。他说:"此理本天所以与我,非由外铄。"所以明理,只要发明本心就行了,而为学的目标,也就是"明心""立心"而已。陆九渊认为,心为"四端":"恻隐,仁之端也;羞恶,义之端也;辞让,礼之端也;是非,智之端也。此即是本心。"这实际是对理学的"仁义礼智"做心学的阐释。他把"仁义礼智"这套封建伦理观念视为人心固有而又天然合理的宇宙最高原则。"明心"就是在自我的心中发明这一原则,"立心"就是坚持以这一原则,"自作主宰",不受外物的引诱与侵害。陆九渊指出,若能存养本心,则其德性品质就会如木有根,树叶日益畅茂;如水有源,波流日益充积。若戕贼放失本心,则读书不但无益,而且有害,积学越多,受害越深。

所谓做人,是陆九渊志道、明理、立心思想的最后归宿,也是其教育的最终目标。他说:"学者所以为学,学为人而已,非有为也。""理会得这个明白,然后方可谓为学问。"鲜明地反映了他的"尊德性"的思想特色。他的做人标准分两个层次:一是做伦理道德的"完人",即所谓圣贤君子。他说:"彝伦在人,惟天所命,良知之端,形于爱敬,扩而充之,圣哲之所以为圣哲也。"他认为圣哲不过是其本心或曰"四端"扩充的结果。还说,圣贤与我同心，"人皆可以为尧舜"。二是做独立自主的"超人"，即体现"天地之心"的主宰者。陆九渊所说的心是世界的本体、万物的源泉。他认为扩充自我，发明这种本心，就可使"万物森然于方寸之间"，成为一个驾驭在万物之上，无所不知，无所不能的"超人"。他形象地描绘这种"超人"为"仰首攀南斗，翻身倚北辰，举头天外望，无我这般人"。这已趋近于"唯我论"、"唯意志论"的主张。但作为教育目的论，其做人观点虽以培养封建人才为目标，但它鲜明突出地强调了教育主体的自我意识和历史责任感，因而具有一定的积极因素。

陆九渊"心学"的建立，是我国思想史上出现的第一个典型的主观唯心主义哲学体系，这个哲学体系，后来被王守仁加以扩充和发挥，便推向了高峰。它对中国的学术思想和政治思想发生过重大作用。"心学"在历史上的影响和作用，曾经产生过进步与消极反动的两种相反的作用。一方面，它是封建统治者用来作为维护封建统治、欺骗愚弄人民和镇压人民起义的精神武器。"心学"鼓吹"存心去欲"的说教，就是他们"破心中贼"和"破山中贼"的理论工具。另一方面，由于"心学"十分强调个人的独立思考和主观能动作用，"六经注我，我注六经"的精神，就是强调独立思考的表现，它对于冲破"坐而论道"、不着实际、不求开拓进取的士风和政风，起到振聋发聩的作用。因此，它又在客观上产生过一定程度促进思想解放的作用，明清时代的一些思想家，如唐甄、李贽、谭嗣同等人，都曾利用陆王心学的一些理论批判了封建专制主义，反对崇拜权威、破除教条，启发思维，宣传革新思想。

最后还应指出，产生于古代中国的儒学、特别是宋明理学、主要指程朱理学和陆王心学还越过了国界，传播于朝鲜、日本和东南亚等地，对这些地方的思想影响也是不可忽视的，直到今天，它还在一些地方被人们看做是很有价值的研究对象。

奇人王守仁

王守仁

王守仁（公元 1472 年－1528 年），字伯安，浙江余姚人，因筑室会稽阳明洞，自号阳明子，世称"阳明先生"。生于明朝中叶，此时政治腐败、社会动荡、学术颓败，王守仁试图力挽狂澜，拯救人心，乃发明"心学"，倡良知之教，修万物一体之仁，成为了宋明心学的集大成者。其学术思想在中国、日本、朝鲜半岛以及东南亚国家乃至全球都有重要而深远的影响，因此，王守仁（心学集大成者）和孔子（儒学创始人）、孟子（儒学集大成者）、朱熹（理学集大成者）并称为孔、孟、朱、王。

王守仁的出生即充满异象，《明史》记载他的母亲怀孕 14 个月才生下他。他的祖母曾做一个梦：一位身穿红袍、佩戴宝玉的神仙，在瑞云和天乐声中送来一子。祖母梦醒时，恰巧守仁出生。祖父便根据这梦兆，为孙儿取名为"云"。《明史》载，王守仁五岁还不能说话。一位高僧告诉其父王华，要他给儿子改名为王守仁。王华照做了，王守仁这才说话。王华对儿子家教极严，王守仁少年时学文习武，十分刻苦，但非常喜欢下棋，往往为此耽误功课。其父虽屡次责备，总不稍改，一气之下，就把象棋投落河中。王守仁心受震动，顿时感悟，当即写了一首诗寄托自己的志向：

象棋终日乐悠悠，苦被严亲一旦丢。

兵卒坠河皆不救，将军溺水一齐休。

马行千里随波去，象入三川逐浪游。

炮响一声天地震，忽然惊起卧龙愁。

王守仁自幼聪明，非常好学，不只熟读四书五经，也很喜欢广泛涉猎其他书籍。他十岁时，父亲高中状元，王阳明随父赴京，路过金山寺时，他父亲与朋友聚会，在酒宴上有人提议做诗咏金山寺，大家还在苦思冥想，王阳明已先一步完成："金山一点大如拳，打破维扬水底天。醉倚妙高台上月，玉萧吹彻洞龙眠。"四座无不惊叹，又让他做一首赋蔽月山房诗，王阳明随口诵出："山近月远觉月小，便道此山大于月。若人有眼大如天，还见山小月更阔。"这意思是看事物的角度不同，看出来的东西也不一样。

十一二岁在京师念书时，他问塾师："何谓第一等事？"老师说"只有读书获取科举名第"，他当时说："第一等事恐怕不是读书登第，应该是读书学做圣贤。"尽管如此，他从年少时代起就从不循规蹈矩，所有记载都说他自少"豪迈不羁"。如13岁丧母后，继母待他不好，他竟买通巫婆捉弄其继母，使得她从此善待他。他学习并非十分用功，常常率同伴做军事游戏。年轻时他出游边关，练习骑马射箭，博览各种兵法秘籍，遇到宾客常用果核摆列阵法作为游戏。他仔细勘查山川地形，了解当地各族群部落，又多方倾听学习守备抵御的方法与策略，并且亲自与胡人骑射作战，他的能耐使胡人不敢来犯。这段时间他还曾在梦中拜谒了汉代"伏波将军"马援的祠庙，并且这个梦境神奇地在他晚年于南方平乱时得以实现。

王守仁17岁时依父亲之命，迎娶了舅父诸养和（时为江西布政司参议）的女儿为妻。结婚当天清早，守仁出门散步，行到铁柱宫道观，在侧殿中见到一位道人，正盘膝静坐。王守仁上前作礼，向他请教养生之道。而此时家中正准备结婚大典，却不见新郎倌，大家焦急异常，岳父诸养和派人到处寻找,直到次日清晨才在铁柱宫中遇着,却见他正与道人闭目对坐。婚后王守仁与夫人返乡途中,特地拜访了娄谅。娄谅告诉守仁圣人必可学而至,从此他开始仰慕圣贤之道,勤奋研读古代经典,师友王冕等诸人自叹不如。一天,王守仁领悟到自己日常谐谑的行径不当,悔之,于是开始端坐少言。这突然的变化,让王冕等人怀疑他是矫揉造作、故弄玄虚,他郑重其事地对他们说:"吾昔放逸,今知过矣。"此后,王冕诸人也正襟敛容,随时随地注重自己的举止言谈。

王守仁21岁乡试得举,随即奔赴京师。一天,他忽然想起先儒说:"衣物必有表里精粗,一草一木,皆涵至理。"于是就按照朱熹"格物穷理"的方法"格竹"。结果"早夜不得其理,到七日,亦以劳思致疾"。因此守仁认为自己当不得圣贤,便转而用心于文学。隔年守仁会试不中,众人皆感意外,当朝宰相半开玩笑地请他作"来科状元赋",守仁并未推辞,援笔立就,众人称之为天才,但也引起一些在朝官员的妒忌,四年后的第二次会试果然又因此落第。有些同来参加会试的人因未能考中而感羞耻,守仁对他们说:"世以不得第为耻,吾以不得第动心为耻。"闻者无不叹服。

中了进士后,守仁曾因公务之便访问九华山,与道士蔡蓬头和地藏洞异人往来。31岁深觉舞弄文采无益人生,乃告病回乡筑室阳明洞中,专心练习道家的导引术,后来有了未卜先知的本事。一天他在洞中静坐,守仁突让仆人去迎接来客,并告之有哪些朋友与来途经历。仆人与他们相遇后,跟他们一一核对果然全都相同。大家都很吃惊,以为守仁已经得道。但是守仁却觉得:"此簸弄精神,非道也。"于是又离开阳明洞复出用事。

后来守仁因戴铣案仗义执言上疏,引起当权宦官刘瑾的愤恨,被贬到贵州的龙场驿。守仁赴任途中,刘瑾一路派人追杀他,他不得不弃陆走水道,而他所乘之船却突遇飓风,一个晚上就飘到了福建边界,意外摆脱追踪。他上岸后寻找许久才在一个野庙过夜,没想到那庙却是老虎窝,然而当晚老虎却在庙廊游走不敢入庙。次日,人见他安然熟睡在庙中,吃惊地说他"非常人也"。后引守仁至一寺,该寺有异人,守仁见之,乃二十年前曾与他相约海上见的铁柱宫故人。他出示一首诗给守仁:"二十年前曾见君,今来消息我先闻。"表明他已预见守仁将到此地。

当时龙场是蛮荒至极之处,守仁居此"自计得失荣辱皆能超脱,惟生死一念,尚觉未化",随即做了一副石棺材,指天发誓:"吾惟俟命而已!"他日夜端居沉默,以求静一。跟随他的人都病了,守仁亲自砍柴煮粥喂食,又吟诗歌唱宽慰他们,乃至"杂以诙笑"来让他们开怀。在此情形下,他想"圣人处此,更有何道?"一天夜里,半睡半醒之间好像有人告诉他什么,"始知圣人之道,吾性自足,向之求理于事物者误(对道的领悟,最后是到自己的内心去寻找的,是靠自己领悟的,纯靠看前人的书,听别人的话没有用)"。这就是后人盛称的"龙场悟道"。这一年王守仁 37 岁。

正德十二年(公元 1517 年),江西南部以及江西、福建、广东交界的山区爆发民变。山民依靠山地据洞筑寨,自建军队,方圆近千里。地方官员无可奈何,遂上奏朝廷。兵部举荐时任右佥都御史的王守仁巡抚江西,镇压民变。正德十三年(公元 1518 年)正月,王守仁平定池仲容(池大鬓)部,奏请设立和平县,并兴修县学。三月,守仁抵达江西莅任。他迅速调集三省兵力,镇压了信丰等地的起义。七月,王守仁念战争破坏巨大,上奏请求朝廷允准招安。朝廷遂委以地方军政大权,准其便宜行事。十月,王守仁率兵攻破实力最强的江西崇义县左溪蓝天凤、谢志山军寨,并会师于左溪,王守仁亲自前往劝降。十一月,王守仁遣使招安,并攻破蓝天凤部。就是在这烽火连天的两年里,他掌握了一样神秘的哲学武器——知行合一。

王守仁从"天地万物本吾一体"出发,反对朱熹的"先知后行"之说。王守仁认为既然知道这个道理,就要去实行这个道理。如果只是自称为知道,而不去实行,那就不能称之为真正的知道,真正的知识是离不开实践的。比如,当知道孝顺这个道理的时候,就已经对父母非常的孝顺和关心;知道仁爱的时候,就已经采用仁爱的方式对待周围的朋友,真正的知行合一在于切实地按照所知在行动,知和行是同时发生的。他的目的在于"发动处有不善,就将这不善的念克倒了,需要彻根彻底,不使那一念不善潜伏在胸中"。

对于朱熹的"先知后行"等分裂知与行的理论,王守仁在他学生编著的《传习录》中是这样理解的:古代的圣贤在看到很多人把大量的时间和精力花费在知上,而忽略了行,认为这样下去会造成浮夸的风气,于是开始强调要知,更要行,而后世的人就理解为要先知而后行,这就错误地理解了圣贤的意思。

王守仁一生最大的军事功绩,是平定南昌的宁王朱宸濠之乱。王守仁将去福建剿匪时,所率部队行军刚到丰城,宁王朱宸濠突然举兵叛乱。因此王守仁积极备战,调配军粮,修治器械,然后发出讨贼檄文,公布宁王的罪状,要求各地起兵以平叛乱。

当时,王守仁最为担心者,就是宁王朱宸濠挥师东下,占领故都南京。如果南京失守,宁王就有了称帝的资本,同时也占了地利,那就不容易消灭了。王守仁虚张声势,利用假宣传假情报扰乱宁王的视线,逼他做出错误的判断,以为各路大军已经组成合围态势。同时使用反间计,命人携蜡丸潜入南昌,使宁王猜疑自己部下进攻南京的策略。宁王果然上当,有半个月时间犹豫观望,没敢发兵攻打南京。王守仁利用这一时机,做好了防御南京的准备,使宁王欲攻南京,已无可能。七月,宁王率六万人,攻下九江、南康,渡长江攻安庆。王守仁这时已经调集了八万大军(主要为各地民兵与农民),对外号称三十万。王守仁召集部下问应如何退敌,有人指出应该急救安庆,王守仁说:"现在九江、南康已经被敌军占领,如果我们越过南昌跨江救援安庆,就会腹背受敌。现在南昌空虚,我军锐气正盛,可以一举攻破。敌军听说南昌失守,定会回师来救,这时我们迎击他,肯定能取得胜利。"由于先前进行了大量宣传工作,谎称有大量军队攻城,南昌竟然不攻自破,停了两日,王守仁便派诸将分五路迎击回援南昌的宁王大军。四路分兵迎进,一路设伏。交战以后,宁王大军很快腹背受敌,被分割成几部分,后又中了埋伏,惨遭大败,溃逃退守八字脑地区。宁王眼观局势不妙,急忙调九江、南康的精锐部队出击,王守仁派几路大军迎战并夺取了南康。

这一仗打得相当激烈,是关键的一战。官军一度退却,王守仁部将伍文定立即斩杀了后退之人,命令诸军决一死战。最后终于打败了敌人,敌军退保樵舍地区,将大船结成方阵,宁王拿出金银珠宝犒赏将士,冲锋赏千金,负伤百金,要求他们拼死一搏。

但宁王军队的方阵被王守仁看出破绽,他决定仿效赤壁之战,放火烧船。第二天,宁王群臣聚集在一起,正在船上召开会议,王守仁大军杀到,用小船装草,迎风纵火,烧毁了宁王的副船,王妃娄氏以下的宫人以及文武官员们纷纷跳水。宁王的旗舰搁浅,不能行动,仓促间换乘小船逃命,被王守仁的部下追上擒获,宁王的其他文武大臣也成了阶下囚。不久,南康、九江也被官军攻陷,宁王之乱全面平息,前后只有三十五天时间。王守仁因此而获"大明军神"之称。

嘉靖七年十一月二十九日(公元1529年1月9日),王守仁在归途中病逝于江西省南安舟中。在临终之际,他身边学生问他有何遗言,他说:"此心光明,亦复何言!"去世后被谥文成,后又追封为新建侯,万历十二年从祀于孔庙。

作为士大夫,在中国数千年的历史上,王守仁是屈指可数的几位既有"立德""立言",又有"立功"之人,其德行、事功,至今仍受到读书人的敬仰,可见其巨大之人格魅力。《明史》评:终明之世,文臣用兵制胜,未有如王守仁者。中国历史上"立德、立功、立言"都很显著的有两个半人,这两个人是指诸葛亮、王守仁,另半个人是指曾国藩。王守仁的学说深深影响了明代中晚期的官员、学者。后来心学流派一分为七,到了清代就没落了。

明代进步思想家李贽

李贽(zhì)(公元1527—1602年),号卓吾,又号宏甫,别号温陵居士、百泉居士等,泉州晋江(今属福建)人,是我国明代的一位进步思想家、哲学家。他不是一个正统的儒学家,在他的思想和言行中充满了叛逆的精神。正是因为不畏强暴、不惧权势,敢于批判封建正统思想,他才在76岁高龄时,被扣上了叛逆的罪名,逮捕下狱,后来死在狱中。

李贽出生在一个巨商世家。他的祖上几辈子都是泉州的通商大贾。但是到了李贽出生时,家道已经衰落。

李贽

李贽因为母亲早亡,他6岁时就能自己料理自己的生活。他小的时候曾跟随父亲读过一些诗书,但没有受过正统的儒家教育,而且到了20岁以后就中断了读书,开始了奔走四方的谋生生活。也许正是由于这些缘故,李贽从幼年起就不是一个寻章摘句死读书的蛀书虫。

李贽从30岁开始做官,做了24年的官。在做官期间,他越来越体会到明朝的腐败无能。当时明朝最大的敌人是日本海寇,他们经常侵扰沿海一带。就在李贽回家乡期间,日本海寇6000人入侵潮州和东南沿海一带,李贽亲身参加了抗击日本海寇的战斗。他目睹了朝廷与官吏的腐败无能,认清了那些空有躯壳,只会打躬作揖讨好上司,一旦遇到贼盗就束手无策的假道学的真实面目。

明王朝的腐败,使得老百姓挣扎在水深火热中。李贽的父亲死后,他回家奔丧,就把夫人和三个女儿安置在河南共城,买了些田地耕作度日。可是由于发生了灾荒，他的两个女儿因饥饿病死了。李贽痛不欲生，他对明王朝更加痛恨，而且对几千年来的封建正统思想——儒家学说产生了怀疑。

李贽反对程朱理学的"存天理，灭人欲"的观点，认为这是虚伪的学说。他主张"人必有私，而后其心乃见"。例如耕田的人"私有秋之获"，才会出力耕作，这是很自然的道理。李贽反对道学家所坚持的封建等级观念和男尊女卑的思想，主张人与人平等。他说，"尧舜与途人一，圣人与凡人一。"其含义是指圣人所能做的，凡人也能做得到，凡人所不能做的，圣人也一定做不到。李贽认为，人生而具有"童心"，只因为受了理学教育的污染，"童心"遭到损害，才得不到发展，而使人沾上虚伪作假、欺人、欺世的恶习，以致"言假言，事假事，文假文"。他用"童心"说揭露理学教育对人们的毒害，起了一定的积极作用。

李贽认为官僚们、理学家们简直是强盗，是残害人民的虎狼。他还借用一个神话故事，骂那些贪官污吏连猛虎都不如。

他说，汉代有一个大官叫封邵，变作老虎吃人，人们骂他，他还懂得羞惭，不敢再吃人。而今朝的官吏们，穿着堂皇的衣冠肆无忌惮地吃人，人若骂他们，他们还露出牙齿来吓唬人。李贽还说，过去的老虎藏在草丛里，今日的老虎坐在大堂上，公然吃人，天理究竟在什么地方呢？

李贽还写了一篇文章，嘲笑理学家。朱熹曾说过："天不生仲尼，万古长如夜。"意思是说，老天如果不让孔子出生，千秋万代就是没有太阳漆黑的夜晚。李贽编了一个故事，说有一个道学先生，自称是孔子的徒弟。有一天遇到一个叫刘谐的人，刘谐说："你不知道我正是孔子的哥哥。"那个道学先生愤怒地说："你是什么东西，竟敢自称是圣人的兄长？天不生仲尼，万古如长夜。"刘谐却说："看来你只知道有孔圣人，不知道还有其他的圣人。那些出生在孔子前的三皇五帝们难道每天都靠点蜡烛过日子？"那个道学先生被说得哑口无言。

李贽反对把孔子变成神，正是要解放人们的思想，不让变成教条的儒学束缚人们的头脑。他尖锐地抨击孔子,辛辣地非难儒家经典,无情地揭露道学家的假面具,立论虽然有些偏激,但对于后代确起了一定的启蒙作用。

李贽一贯主张个性解放,思想自由;反对理学空谈,提倡功利主义;崇尚对社会生活少干涉或不干涉的"至道无为"政治理想。他在麻城频繁讲学,每每抨击时政,针砭时弊,听任各界男女前往听讲,受到庶民百姓的热烈欢迎,直至今日,人们仍然念念不忘,麻城民间广泛流传着怪老头李贽的传说。

《怪老头》故事说,明代万历年间,有个叫李贽的怪老头住在龙湖芝佛寺著述、讲学。虽说他是有大学问的人,却也开荒、种粮、种菜,勤快得很。李贽讲学跟别的先生不一样。别的先生只收男孩,他偏偏要男女收在一起教;别人都要求孩子走路要轻,说话莫大声。而李贽偏要他们蹦蹦跳跳翻跟头,大声读书震天吼;别人教书要白天,李贽白天要求孩子帮大人种田、种地,夜晚听他讲学;别人教书是在学堂里,李贽要学生在钓鱼台上听;别人教书专讲"四书"、"五经",李贽专教些实用的东西,还经常出谜语逗孩子玩。有一次,李贽说:"什么脚上长头发?清早起来地上爬?什么有脚不走路?什么无脚走天涯?"由于平时教育生动活泼,无拘无束,孩子们便你一言,我一语地讨论,于是很快就答出来了:"扫帚脚上长头发,清早起来地上爬;桌椅有脚不走路,扁担无脚走天涯。"见孩子们答得如此顺利,他又出了一个谜语:"皇帝老子去偷牛,满朝文武做小偷;公公拉着媳妇手,孩子打破老子头。"这一次孩子们猜来猜去,都猜不出来,难住了。李贽笑着说:"你们不是猜不着,是还没有长这个胆量。要干大事,就得敢破旧规矩,敢想,敢说,还要敢干。"接着,他解释说:"第一句'皇帝老子去偷牛'是君不君;第二句'满朝文武做小偷'是臣不臣;第三句'公公拉着媳妇手'是父不父;第四句'孩子打破老子头'是子不子。"学生们听了以后,感到有趣,到处传播,气得那些官老爷和封建卫道士们连连骂李贽是"盗教"、"邪教"、"异端"。

除此之外，李贽还同情下层人民的疾苦。他公开为商人辩护，说："商贾亦何可鄙之有？"主张各从所好，各骋所长，发挥各种各样的人的个性和特长。李贽这些进步的主张，在客观上反映了当时新兴市民阶层自由发展的愿望和要求。

李贽不仅在言论上著书立说反封建，而且在行动上也"大逆不道"。万历十六年（公元1588年）夏天他剃光了头以示和鄙俗断绝，虽身入空门居住在佛教寺院，却不受戒、不做僧众的功课，强烈冲击了传统世俗，被当地的保守势力视为"异端"、"邪说"，群起围攻，以"维护风化"为名，指使歹徒烧毁龙湖芝佛院，又毁坏他预为藏骨的墓塔，要把他驱逐出境。朋友马经纶得知消息后，便将75岁的李贽接到通州（今北京通州区），住在莲花寺。

次年，李贽最终以"敢倡乱道，惑世诬民"的罪名在通州被捕，并焚毁他的著作。三月十五日，以剃发为名，夺下理发师的剃刀割断自己的喉咙而死，享年76岁。

李贽是一位富有战斗精神的反封建主义启蒙运动的先驱。他高尚的人格和品质，敢于叛逆的精神，影响了明末的社会思想。他以一位先知先觉者的犀利目光，深刻洞察时代的矛盾和社会发展行将提上议事日程的问题，以非凡的超前意识和过人胆识，认真反思中国传统思想文化，探索人生的真谛，致力于从道德理想主义到经验主义的理性重建，建立了一个以"童心说"为核心、"学主不欺"、"志在救时"的新思想体系。他在哲学思想、历史思想、道德伦理思想、经济政治思想、文艺美学思想和宗教思想诸方面的理论创造，不仅超迈前古，也远远超过了他的同时代人。他的富于自由精神的思想和新兴气锐的言论，不仅使他成为晚明中国早期启蒙思潮的思想旗帜和一代思想文化巨人，而且对于晚清思想解放运动、明治维新、五四运动、新文化运动都产生了深刻影响。他所倡导的反独断、反迷信的怀疑精神、自由精神和社会批判精神，对于我们正确认识中国传统社会和传统文化，探索现代理性的重建之路，仍具有重要启迪和借鉴意义。

清初大儒黄宗羲

明万历三十八年八月初八(公元 1610 年 9 月 24 日),黄宗羲出生于绍兴府余姚县通德乡黄竹浦,其地现名浦口村,属浙江省余姚市明伟乡。降生前夕,母亲姚氏曾梦见麒麟入怀,所以,黄宗羲乳名"麟儿"。

明末太监魏忠贤专权,独揽朝政,排斥异己,一批正直朝官被捕被杀,接连酿成震惊中外的"六君子""七君子"惨案。黄宗羲父亲黄尊素,就是被冤杀的"七君子"之一。黄宗羲见父亲被害,为国忧家仇而发愤读书。明以前二十一史以及诸子百家俱已了然胸中。19岁那年,闻说崇祯接位,便草拟了向朝廷讼冤的奏疏,辞别故里,只身赴京申

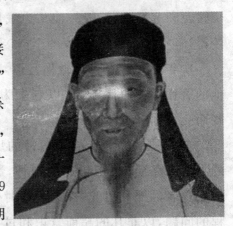

黄宗羲

雪冤屈。这时,朝廷为平民愤已将魏忠贤一党伏法。黄宗羲便上疏朝廷,请求追究魏党余孽。于是朝廷下旨刑部,究治许显纯、李实一伙。

这天,刑部大堂大开正门,审讯许显纯、李实,旁听百姓成千成万,黄宗羲也在其中,可是,刑部碍于许显纯是孝宗皇后的外甥,问案软弱无力。许显纯在铁证面前仍是百般抵赖。黄宗羲见此忍无可忍,大吼一声:"逆党! 你害死我父,铁证如山,还敢狡辩!"从袖中抽出铁锥,猛刺许显纯道:"我看你从是招与不招!"锥锋至处血流遍地,吓得许显纯跪地叩头:"愿招! 愿招!"可是,许显纯写了招状后,仍有恃无恐,他对刑部道:

"下官虽属逆党，诬害同僚，罪有应得。但下官乃是孝宗皇外甥，系皇亲国戚，朝廷曾有明律，自应得到免罪。"刑部大员见此，只是"这个这个"地支支吾吾说不出话来。黄宗羲见状，便向刑部申诉道："许显纯与魏逆勾结，连成死党，丧尽天良，满朝忠良尽死其手，实为恶贯满盈。天网恢恢，自应与魏党同处论斩。历朝早有明训：法不阿贵，何况外戚。大人自宜为国除奸。倘若放虎遗患，百姓怎能答应，后果哪堪设想！"刑部见黄宗羲说得慷慨激昂，句句是理；又见众学子、百姓怒目如火，便也壮了胆量，判决许显纯、李实同处斩刑。

当天深夜，黄宗羲正在灯下看书，只听一阵笃笃叩门声。他开门一看，只见一个人如鬼影般闪了进来，对黄宗羲道："我是你父昔日同僚，亦是李实之友。他家托我带三千黄金给你，以补当日诬害你父罪过，只望你勿再追究李实之罪。"说罢，提上金来。黄宗羲一推黄金，说："这三千两黄金能买屈死的冤魂吗？能买国泰民安吗？李实罪有应得，欲想侥幸，休想！请！"立即把那人连同黄金推出门外。然后，他奋笔疾书，把当晚之事，写了一本奏章，向朝廷揭露李实欲施贿赂之罪。朝廷准奏，下旨刑部复审，追究李实贿赂罪。大堂上，李实还想狡辩，忽见黄宗羲从袖中抽出利锥，吓得连喊："愿招！愿招！"

两逆斩首之日，黄宗羲偕同被害朝官子弟，设祭狱门，祭奠忠魂。一时间，香烟缭绕，哭声震天。黄宗羲把众狱卒召集一起，晓以大义，然后问道："你等作恶，虽属受人指使，但罪责难卸。只要你等讲出谁是杀害黄尊素的凶手，其余免究！"众狱卒见状，便把两个吓黄了脸的狱卒推了出来，颤声道："是叶咨和颜文仲亲手用毒药害死黄尊素的。"二狱卒连忙跪倒在地，大喊"饶命！"仇人相见，分外眼红。黄宗羲大喝一声："恶贼！岂可饶你！"抽出利锥猛刺，便把两个狱卒刺死狱中，以祭奠先灵。

第二天，崇祯皇帝宣黄宗羲到金殿，说："卿少年有为，为父报仇，为国除奸,有功社稷,精神可嘉。孤封你……"崇祯皇帝还未说完,黄宗羲即插言奏道:"为国除奸,为民雪恨,为父报仇,臣子之责,何功之有。宗羲不愿为官,愿扶枢枢南归,尽孝于乡。"就这样,黄宗羲不受封赏,毅然扶枢回到余姚,将父亲的遗体安葬在化安山。

黄宗羲为人直爽,待人接物诚恳热情,对事情有自己的主张,不人云亦云,也不偏激躁进。清兵入关后,民族矛盾激化。黄宗羲保护着自己的老师刘宗周昼伏夜行,到处躲避,不愿去南京小朝廷任职。清廷曾要招降刘宗周,有着民族气节的刘宗周绝食 13 天,壮烈殉难。刘宗周死后的第二天,浙江人民掀起反抗清廷的武装斗争。

黄宗羲听到这个消息,成立起义军。可清兵十倍于义军,且起义军仓促编成,毫无作战经验,半年之后,被迫退入深山,展开游击斗争。后来,黄宗羲等在宁波起义,又遭到失败。各地反清斗争也相继失败,清政府的统治逐渐得以巩固。黄宗羲看到大势已去,这才退隐乡间,专心著书讲学。

黄宗羲做学问反对空谈,注重"实学"。他要求学生多读书,严格规定凡是跟从他读书的学生,必须先通六经;他强调"经世致用"的学问,也就是对社会政治有实际意义的学问,并把学到的知识贯彻到行动中去。

清朝统治者统一中国后,对有名望的明朝遗民采取了怀柔政策,曾经多次征黄宗羲做官,他力辞不往。掌院学士叶方蔼以诗歌相劝,敦促他做官,黄宗羲两次推辞都没有成行。不久,方蔼奉诏同掌院学士徐元文监修明史,准备征召他为顾问,督抚恭敬地来聘请,又被他推辞掉了。徐乾学值班侍奉清帝,清帝问到遗留文献之事,又以宗羲相对,且说:"曾经臣弟元文上疏推荐,可惜老了不能前来。"清帝说:"可召至京,我不授予他政务。如果想回去,就遣官送他回去。"乾学说宗羲年老坚决不来,清帝叹息无言,认为人才难得。宗羲虽不应召,而史局有大的事情一定会去咨询他。历志出吴任臣之手，总裁千里传书，乞求他审核后才定下来。曾经说宋史单立道学传，是元儒见识粗陋。明史不当沿袭这种体例。朱彝尊也正有这个提议，得到宗羲的书信给众人看后，于是就去掉了道学传。

黄宗羲由于他的道德、文章、学识、气节在当时普遍受到人们的敬佩。在范氏族中曾做过嘉兴府学训导的范友仲帮助下，很快取得了范氏各房的同意，登上了天一阁。原来范钦后代为防止藏书失散，还议定藏书由子孙共同管理，阁门和书橱钥匙分房掌管，非各房齐集，任何人不得擅开。黄宗羲不仅阅读了天一阁的全部藏书，还为天一阁藏书整理编目作出了贡献。

黄宗羲多才博学，于经史百家及天文、算术、乐律以及释、道无不研究。尤其在史学上成就很大。清政府撰修《明史》，"史局大议必咨之"。而在哲学和政治思想方面，更是一位从"民本"的立场来抨击君主专制制度者，真堪称是中国思想启蒙第一人。他的政治理想主要集中在《明夷待访录》一书中。

《明夷待访录》一书共计十三篇。"明夷"本为《周易》中的一卦，其爻辞有曰："明夷于飞垂其翼，君子于行三日不食。人攸往，主人有言。"为六十四卦中第三十六卦，卦象为"离下坤上"，即地在上，火在下。"明"即是太阳，"夷"是损伤之意。从卦象上看，太阳处"坤"即大地之下，是光明消失、黑暗来临的情况，意光明受到伤害。这暗含作者对当时黑暗社会的愤懑和指责，也是对太阳再度升起照临天下的希盼。"待访"是等待贤者来访，让此书成为后人之师的意思。另外，"明"就是太阳，亦称为"大明"，暗合"大明朝"；"夷"有"诛锄"之解，又有"视之不见"之解，暗含作者的亡国之痛。该书通过抨击"家天下"的专制君主制度，向世人传递了光芒四射的民主精神，这在当时黑暗无比社会环境下是极其难能可贵的。

《原君》是《明夷待访录》的首篇。黄宗羲在开篇就阐述人类设立君主的本来目的,他说设立君主的本来目的是为了"使天下受其利""使天下释其害",也就是说,产生君主,是要君主负担起抑私利、兴公利的责任。对于君主,他的义务是首要的,权力是从属于义务之后为履行其义务服务的。君主只是天下的公仆而已,"古者以天下为主,君为客,凡君之毕世而经营者,为天下也"。然而,后来的君主却"以为天下利害之权益出于我,我以天下之利尽归于己,以天下之害尽归于人",并且更"使天下之人不敢自私,不敢自利,以我之大私,为天下之大公","视天下为莫大之产业,传之子孙,受享无穷"(《原君》)。对君主"家天下"的行为从根本上否定了其合法性。

　　黄宗羲认为要限制君主的权力,首先得明辨君臣之间的关系。他认为:"原夫作君之意,所以治天下也。天下不能一人而治,则设官以治之。是官者,分身之君也。"从本质上来说,"臣之与君,名异而实同",都是共同治理天下的人。因此,君主不应该高高在上,处处独尊,而应该尽自己应尽的责任,即为天下兴利除害。否则就该逊位让贤,而不应"鳃鳃然唯恐后之有天下者不出于其子孙"。至于为臣者,应该明确自己是君之师友,而不是其仆妾,"我之出而仕也,为天下,非为君也;为万民,非为一姓也"。如果认为臣是为君而设的,只"以君一身一姓起见","视天下人民为人君囊中之私物",自己的职责只在于给君主当好看家狗,而置"斯民之水火"于不顾,那么,这样的人即使"能辅君而兴,从君而亡,其于臣道固未尝不背也",也同样是不值得肯定的。因为"天下之治乱,不在一姓之兴亡,而在万民之忧乐"。这就是黄宗羲的君臣观。这对传统的"君为臣纲","君要臣死,臣不得不死"的封建纲常,无疑是一个有力的冲击。

　　黄宗羲提出的限制君权的另一主张就是设置宰相。他认为:"有明之无善政,自皇帝罢丞相始也。"这是因为:第一,"古者君之待臣也,臣拜，君必答拜"，彼此是平等的。"秦汉以后废而不讲。然丞相进，天子御座，在舆为下"，还多少保持着主客的关系。现在罢除了宰相，就再没有人能与天子匹敌了。这样，天子就更加高高在上，更加奴视臣僚，更加专断独行，为所欲为。第二，按照封建宗法制度的规定，天子传子，但"天子之子不皆贤"；在这种情况下，幸赖宰相传贤而不传子，"足相补救"。可是在罢除宰相之后，"天子之子一不贤，更无与为贤者矣"。这样，势必会给国家和人民带来无穷的灾难。第三，废除宰相后设立的内阁大学士，其职责只是备顾问以及根据皇帝的意旨批答奏章，内阁没有僚属，没有办事机构，其事权很轻，根本不能与昔日的宰相相提并论，内阁既无实权，而天子又不能或不愿处理政事，于是就依靠一群凶残的宫奴来进行统治，这就出现了明代为害至深的宦官专权。

黄宗羲提出设宰相一人，参加政事若干人，每日与其他大臣一起，在偏殿与天子共同议政。章奏由天子批答，"天子不能尽，则宰相批之，下六部施行，更不用呈之御前，转发阁中票拟"；"阁中又缴之御前而后下该衙门如故事往返，使大权自宫奴出也"。此外，宰相设政事堂，下分若干房，分管天下庶务，"凡事无不得达"。设立宰相，是一种限制君权过分膨胀的有效措施，但它并不是责任内阁制。因为皇帝仍然大权在握，仍然是名副其实的国家元首。

使学校成为舆论、议政的场所，是黄宗羲限制君权的又一措施。黄宗羲认为，设立学校，不仅是为了养士，更不是为了科举，而是"必使治天下之具皆出于学校，而后设学校之意始备"。具体而言，就是一方面要形成良好的风尚，"使朝廷之上，闾阎之细，渐摩濡染，莫不有诗书宽大之气"；另一方面，则形成强大的舆论力量设法左右政局。只有这样，才能使"盗贼奸邪，慑心于正气霜雪之下，君安而国可保也"。

黄宗羲反对单一的科举取士，主张使用多种渠道录取人才，以制度防止高官子弟凭借长辈权势在录取过程中以不正当的方式胜过平民。扩大了录取对象,包括小吏,会绝学(包括历算、乐律、测望、占候、火器、水利等等)的人,上书言事者等等。

另外,黄宗羲反对日益苛重的赋税征收。他说:"吾见天下之田赋日增,而后之为民者日困于前",指出江南的田赋特重,有些田亩将一年的产量"尽输于官,然且不足"。他分析了使人民苦于"暴税"的三害:"有积累莫返之害",指税制每经过一次改革,都导致赋税的进一步加重;"所税非所出之害",指田赋征银,银非农业生产之所出,纳税者因折银而加重负担;"田土无等第之害",指不分土地的肥瘠程度按一个标准征税,造成负担不均。黄宗羲提出的赋税主张是,第一,"重定天下之赋",定税的标准应"以下下为则";第二,征收田赋"必任土所宜,出百谷者赋百谷,出桑麻者赋布帛,以至杂物皆赋其所出",生产什么缴纳什么,不强求一致;第三,重新丈量土地,按土质优劣计算亩积,分别以 240、360、480、600 和720 步作为五亩,即把土地分为五等,据等征税,消除因土地质量不同而带来的赋税负担不均的问题。黄宗羲认为,要使民富,还必须"崇本抑末"。所谓"崇本",即"使小民吉凶,一循于礼";所谓"抑末",即凡为佛、为巫、为优倡以及夺技淫巧等不切于民用而货者,应"一概痛绝之"。他说:"世儒不察,以工商为末,妄议抑之。夫工固圣王之欲来,商又使其愿出于途者,盖皆本也"。"工商皆本"的思想是对传统的"重本抑末"的大胆否定。

作为浙江史学的开创者,黄宗羲主要在三个方面对浙东史学作出了自己的贡献。"经世致用"是儒家的一个根本看法。作为一个儒者,黄宗羲无论是研究经学,还是史学,都主张一个"经世致用"。在他看来,史书所载绝非仅是史料一堆,而是蕴涵着"经世之业"的阐述。所以,研究历史既是为了总结历史发展的经验,更是为现实社会发展提供理论依据和历史借鉴。基于这种治学目的，黄宗羲在史学研究上主张"寓褒贬于史"，他认为史必须扬善惩恶。

黄宗羲对明史的研究就其著述成果而言，可以分为两部分：一是所撰的《弘光实录钞》四卷、《行朝录》三卷；二是搜集史料选编的、卷帙浩繁的《明史案》二百四十二卷，《明文案》二百十七卷，及增益《明文案》而成的四百八十卷的《明文海》。在明史的研究中，黄宗羲形成了他的史学研究方法论。主要有三个方面：首先，黄宗羲十分注重史料的搜集。而且，他的史料概念十分宽阔，不仅包括历史人物、事件、典章法令等，也包括建置沿革、山川变异，甚至是乡邦文献所记的亭台楼阁也作为史料予以考证、保存。其次，黄宗羲在史学研究中还十分注重真实性。对所得史料总要广证博考、去伪存真，才加引用，并力求客观地作出合乎历史真实面目的论述。即使对自己昔日积累的史料，也决不轻率运用，同样要予以核实，以确保其无误。再者，黄宗羲十分注重史学主体即史学家在治史中的作用。表现为这样几个方面：一是要求史学主体通过自己的思维运作确保史学研究的客观性，以真实地揭示历史的本来面目；二是史学主体在史学研究中应当有自己的是非观，不仅要"寓褒贬于史"，还得对历史事件作出中肯的评价；三是要求史学主体以饱含自身情感的笔写出历史的过程。

在哲学上，他反对宋学中"理在气先"的理论，认为"理"并不是客观存在的物质实体，而是"气"的运动规律，认为"气质人心是浑然流行之体，公共之物也"，具有唯物论的特色；"盈天地皆心也"的观点又有唯心论的倾向。黄宗羲的《明儒学案》是具有划时代意义的哲学史专著。它开创了我国编写学术思想史的先河，标志着我国学术史体裁的主要形式——学案体臻于完善和成熟。全书共立案 19 个 62 卷，叙述学者共计二百余人。从所列的人物看，除刘基、李贽、何心隐外，《明儒学案》基本上把所有明代重要思想家都包罗进去了；从学派上看，既叙述了以王阳明为代表的心学各派，又叙述了以吴与弼、胡居仁、娄谅为代表的程朱理学各派；从哲学性质看，既叙述了吴与弼、王阳明等唯心主义思想家，也叙述了罗钦顺、王廷相等唯物主义思想家，是中国第一部系统的内容丰富的哲学史专著。

《明儒学案》完成之后，黄宗羲又接着从事《宋元学案》的撰写。1695年秋夜，黄宗羲在书房里写作，不幸受了风寒，《宋元学案》还没有写完，他就与世长辞了，享年68岁。未完稿的《宋元学案》后来由他的学生全祖望整理续成。

黄宗羲博览群书，知识兴趣广泛，对于天文、算术、历律、经史百家以及道、佛的书，无不涉猎。他的著作颇丰，后人编有《黄梨洲文集》。

黄宗羲是一位有气节的爱国学者，明朝灭亡后，坚决不做清朝的官，而集中精力于学术著作，且成就卓著。黄宗羲一生的政治活动、思想理论和学术研究，对于促进我国清代以来政治、经济、文化的发展都起了积极的重要作用。

旷世大儒王夫之

王夫之

王夫之是明末清初的一位哲学家，他是中国古代哲学的集大成者。

王夫之出生在一个比较富裕的家庭。他的父亲也是一位读书人，考了一辈子举人，也没考中。尽管到了王夫之少年时期，家道已经衰落，但是维持日常生活，还是有经济保障的。这样，王夫之就有机会读书了。

王夫之读书很勤奋。从他10岁起，父亲就教他读书，熟读了儒家的四书五经，还看了不少古代哲学和历史书籍。到十七八岁时，他读过的诗已不下10万首。他的学问得到了当时一些著名学者的赏识。可是，他考举人很不顺利，接连三次都没考上。直到1642年，王夫之才考上了举人。正当他要去北京参加会试考进士时，全国爆发了农民大起义。张献忠的农民起义军邀请王夫之参加他们的队伍，但是，王夫之拒绝了。此后，李自成的起义军攻入北京，明王朝灭亡了，而王夫之的科举梦也破灭了。

明朝覆灭，清军入关，农民起义军失败，时势混乱，天下再没有一块可安心读书的地方，也没有仕途晋升的机遇。年轻的王夫之愤于满清王朝对汉民族的压迫，毅然参加了反清斗争。然而，反清斗争屡遭挫折，屡遭失败，王夫之觉得再也没有力量去组织抗清斗争，就下决心著书立说，总结明朝灭亡的教训，尽最大的努力，为自己的民族做更多的事情。

1675年，五十多岁的王夫之把家搬到了石船山下。石船山是一座荒山，因形状像一条大船故被称作石船山。王夫之就在这山下的一间草堂里，埋头著书立说，度过了他生命的最后17个寒暑。后来，人们就称他为船山先生。

王夫之作为一位哲学家，有他独到的世界观。他认为，宇宙是无边无际的。天地叫做宇，古往今来叫做宙。宇宙空间充满着气。气弥漫在无边无际的空中，非常细微，所以人们只看见太空而看不见气。气凝聚成物质，能明显地看见，人们就说它"有"；当它离散的时候，看不见形体，人们就说它"无"。某一种具体的东西会毁灭，气却永远不会消失。

他说，一车干柴，用火点燃它，就变成了火焰、轻烟和灰烬。含有木的成分还归于木，水的成分还归于水，土的成分还归于土。这种变化非常细微，所以人们往往觉察不到。就像用锅做饭，锅里的水变成了水蒸气，如果把锅盖紧，水蒸气跑不掉，就会聚在锅里不散，水的成分还是存在的。

王夫之认为，物质世界是永存的，没有开始，也没有终结。他的哲学观符合唯物主义的观点，也很接近自然科学的道理。他指出天上有日月风雨，地上有草木金石，动物中有虫鱼鸟兽，它们的运动变化都是按照自身的"理"在进行。而这个"理"，就是事物的规律。王夫之还认为，客观事物的"理"，人们只能认识它，而不能创造它。世界的万事万物不仅是客观存在的，而且在不停地运动变化着。运动着变化着的万事万物又都充满着矛盾和对立。他说，同一源头的河流尽管有许多支流，可仍是一条河流；一首好听的乐曲尽管有许多不同的声调，可奏出来，仍是和谐的。所以，人们应该乐于看到相反的东西，并且善于利用它。

王夫之说，同样是在江河里流着的水，今天的水已经不同于古代的水。同样燃烧着的火，今天的火已经不是昨天的火。就是太阳和月亮也一样在变化。只不过，水和火离人近，它们的变化容易看到；日和月离人远，不容易察觉，因此有人以为日月是永恒不变的。人的指甲和头发每天都有新的生长，旧的消亡，这是谁都知道的；其实，人的肌肉每天也有新的在生长，旧的在消亡，许多人却不相信，因为他们只看到事物的外形没有变化，而不知道它里面已经变化了。

古代哲学家经常争论一个问题：一个人是先认识事物，还是体验事物后，才认识事物？王夫之认为，人们认识事物，决不是知在先，行在后；而是行在先，知在后。比如，吃过酸梅的人，才知道酸梅的酸，不用吃，看着酸梅也会流出口水；如果从未吃过酸梅的人，看见别人吃酸梅，决不会有什么感觉。又比如，学下棋，光看棋谱是下不好棋的。只有亲自和别人下几盘，才能逐步掌握下棋的规律。这就是说，认识事物要靠身体力行，依靠全身的感官去感知万物，才能得到知识。

王夫之利用和改造了佛教哲学的"能、所"范畴，对认识活动中的主体和客体、主观认识能力和客观认识对象加以明确的区分和规定，强调"所不在内"，"必实有其体"和"能不在外"、"必实有其用"，二者不容混淆、颠倒。他认为"能"和"所"的关系，只能是"因所以发能"，"能必副其所"，主观认识由客观对象的引发而产生，客观是第一性的，主观是客观的副本。从而抓住了认识论的核心问题，表述了反映论的基本原则。据此，他批判了沿袭佛教的陆王心学"消所以入能"、"以能为所"的观点，并揭露其内在矛盾，认为"惟心惟识之说，抑矛盾自攻而不足以立"。他对"惟心惟识之说"的批判，并非简单否定，而是在否定心学唯心论夸大主观精神作用的同时，吸取和改造其中的某些思辨内容，如把认识对象规定为"境之俟用者"，把人的认识能力规定为"用之加乎境而有功者"，注意到人的认识的能动性。

在知行关系问题上，他力图全面清算"离行以为知"的认识路线，注意总结程朱学派与陆王学派长期争鸣的思想成果,在理论上强调"行"在认识过程中的主导地位,得出了"行可兼知,而知不可兼行"的重要结论。他以知源于行、力行而后有真知为根据,论证行是知的基础和动力,行包括知,统率知。同时,他仍强调"知行相资以为用"。王夫之进一步提出"知之尽,则实践之"的命题,认为"可竭者天也,竭之者人也。人有可竭之成能,故天之所死,犹将生之;天之所愚,犹将哲之;天之所无,犹将有之;天之所乱,犹将治之"。人可以在改造自然、社会和自我的实践中,发挥重大作用。这种富于进取精神的朴素实践观,是王夫之认识论的精华。

王夫之主张人性变化发展,强调理欲统一的道德学说。他提出了"性者生理也"的观点,认为仁义等道德意识固然是构成人性的基本内容,但它们离不开"饮食起居,见闻言动"的日常生活,这两者是"合两而互为体"的。在他看来,人性也不是一成不变的,它"日生而日成"。人性的形成发展,就是人们在"习行"中学、知、行的能动活动的过程,以此否定人性二元论、人性不变论的观点。王夫之还反对程朱学派"存理去欲"的观点,肯定道德与人的物质生活欲求有着不可分割的联系。他认为物质生活欲求是"有欲斯有理",道德不过是调整人们的欲求,使之合理的准则。他也反对把道德同功利等同起来的倾向,强调"以理导欲""以义制利",认为只有充分发挥道德的作用,社会才能"秩以其分""协以其安"。从上述观点出发,王夫之主张生和义的统一,强调志节对人生的意义,认为人既要"珍生",又要"贵义",轻视生命、生活是不对的,但人的生命、生活不依据道德准则,也没有价值。他指出:志节是人区别于动物的标志,一个人应当懂得生死成败相因相转的道理,抱定一个"以身任天下"的高尚目标,矢志不渝地为之奋斗。

王夫之对于美学问题的论述,不但直接见之于他的文艺批评著作

《古诗评选》《唐诗评选》《明诗评选》，而且见之于他的哲学著作《周易外传》《尚书引义》等。王夫之在唯物主义哲学的基础上，认为美的事物就存在于宇宙之间，这种美并非一成不变的，而是在事物的矛盾、运动中产生和发展的。他很强调亲身经历对于美的艺术创造的重要性，认为作家所创造的艺术美，就是运动着的事物所产生的美经过审美主体的择取淘选的一种创造。因此，对于作家来说，最重要的就是要"内极才情，外周物理"，要经过作者主观的艺术创造，去反映客观事物的本质和规律。王夫之对艺术创作中情与景的关系，曾有精辟的论述，他认为二者"虽有在心、在物之分"，但在任何真正美的艺术的创造中，景生情，情生景，二者又是相辅相成、不可割裂的。精于诗艺者，就在于善于使二者达到妙合无垠、浑然一体的地步。真正美的艺术创作，应该"含情而能达，会景而生心，体物而得神"。王夫之继承了中国传统美学思想中情景交融的观点，对此作了深入的阐发，在客观上启迪了后来王国维对于这一问题的论述。在论述美的创造时，王夫之强调好诗要从"即目""直寻"中求得具象感知，"不得以名言之理相求"。此外，王夫之在文学创作中的文与质、意与势、真与假、空与实、形与神，以及"兴、观、群、怨"等诸多重要问题上，对于传统的美学思想都有新的发挥和阐述。

王夫之在历史观方面系统批判了历代史学中弥漫着的神学史观和复古谬论，把对当时湘桂少数民族生活的实地观察与历史文献研究结合起来，大胆地打破美化三代古史的迷信，驳斥了"厚古薄今"的观点，阐明了人类历史由野蛮到文明的进化过程。依据他"理依于气""道器相须"的一贯思想，提出了"理势相成"的历史规律论和"即民见天"的历史动力论。

王夫之反对在历史运动之外谈论"天命""神道""道统"主宰历史，主张从历史本身去探索其固有的规律，"只在势之必然处见理"。他说的

"势"，是历史发展的必然趋势和现实过程，"理"，是体现于历史现实过程中的规律性。他肯定理势相成，"理""势"不可分，理有顺逆之别，势有可否之分。人们的历史实践有各种复杂情况，形成历史事变的复杂性，应当"推其所以然之由，辨别不尽然之实"，从"理成势"和"势成理"等多方面去探讨，才能阐明人类历史的必然趋势和内在规律。

王夫之沿用传统范畴，把"天"看作支配历史发展的决定力量，但用"理势合一"来规定"天"的内涵。他进一步利用"天视听自我民视听"等古老命题，把"天"直接归结为"人之所同然者"，"民心之大同者"，赋予"天"以现实的客观内容。因而在肯定人民的"视听""聪明""好恶""德怨""莫不有理"的前提下，为强调必须"畏民""重民"而提出了"即民以见天""举天而属之民"，意识到了民心向背的巨大历史作用。

作为一个封建时代的学者，王夫之的学术思想和理论体系不可避免地存在许多的缺陷，有的甚至是严重的缺陷，他毕竟不可能彻底干净地扔掉传统的枷锁，他"只是个儒教异端，而不是彻底的叛逆者"（任继愈语），我们不能、也不必苛求于古人。而且，瑕不掩瑜，船山先生留给后人的仍然是"一座宝贵的矿藏"（嵇文甫语），有待于我们的进一步发掘和批判继承。

清学开山始祖顾炎武

顾炎武生于明万历四十一年五月二十八日（公元 1613 年 7 月 15 日），卒于清康熙二十一年（公元 1682 年）正月初九，是著名的思想家、史学家、语言学家，与黄宗羲、王夫之并称为明末清初三大儒。他学问渊博，对国家典制、郡邑掌故、天文仪象、河漕、兵农及经史百家、音韵训诂之学都有研究。晚年治经重考证，开清代实学风气。

顾炎武

顾炎武的祖父是明朝太仆卿，父亲是一位秀才。他的养母王氏因未嫁守节、断指疗姑之事，在明崇祯九年（1836 年）曾受到明朝表彰，被御赐"贞孝"牌坊，后来其事迹更被载入了《明史·列女传》。王贞孝是一位有文化、有知识的女性，顾炎武幼时的启蒙教育，就是由她来担当的。为了教育顾炎武，养母经常给顾炎武讲历史故事，教顾炎武读书、识字。聪明的顾炎武在她的悉心教育下，学到了不少的知识，受到了邻居的夸奖，年幼的顾炎武不禁有些飘飘然了。她及时发现了顾炎武的这种思想苗头，让顾炎武背诵宋朝刘基写的《卖柑者言》这篇文章。然后，她问："这篇文章写的是什么意思，你知道吗？"顾炎武说，文章揭露了某些人"金玉其外，败絮其中"，华而不实。她意味深长地说："如果一个人刚刚有了一点进步就骄傲自满,满足于一知半解,这和'金玉其外,败絮其中'又有什么区别呢?"顾炎武惭愧地低下了头。从此,顾炎武谦虚谨慎,经过长期的努力,终于成为一代大家。

顾炎武14岁考中秀才,与昆山大文豪归有光的曾孙归庄同在县学学习,他们二人性情相似,脾气相投,皆极有个性,行为豪放不羁,因其举止颇异于常人,曾被乡人称为"归奇顾怪"。他们对科举学习心不在焉,却热心于社会活动,在崇祯初年,都参加了复社,这是一个由当时的名士太仓进士张溥在崇祯二年(1629年)统合各地文社而成立的一个民间组织,它以"兴复古学"为学术宗旨、以"振起东林之绪"为政治目标。通过参加复社中的活动,顾炎武得以更加广泛地接触社会,结识了一大批文人学士,给予他后来的学术活动和政治活动的开展以很大助益,而且复社倡导的学以致用的学风,对顾炎武思想的形成也产生了积极影响。

顾炎武的祖父本来是无意要他去参加什么科举考试的,只是后来经不住别人的劝说,才勉强让炎武学习科举文字,但并不期望炎武在科举仕途上的发展。顾炎武自己也不把科举考试太当一回事,故中了秀才以后,曾数次参加乡试,却每试皆败。他27岁那年参加乡试,再次失败,于是决定彻底放弃科举,从事有益于国计民生的实学。据他自述,从那时起,他"感四国之多虞,耻经生之寡术,于是历览二十一史以及天下郡县志书,一代名公文集及章奏文册之类,有得即录,共成四十余帙。一为舆地之记,一为利病之书"(《天下郡国利病书序》)——这两本书就是著名的《肇域志》和《天下郡国利病书》。

崇祯十七年(1644年)春,李自成攻进北京,崇祯帝自缢而亡,宣告了明朝的灭亡。同年五月,史可法、马士英等在南京拥立福王朱由崧,建立了南明临时政府。是年冬,经昆山令推荐,顾炎武被福王政府聘为兵部司务,在赴阙就职前,他写下了《军制论》《形势论》《田功论》《钱法论》四篇文章,因其写于乙酉(顺治二年)之春,故称"乙酉四论",这是顾炎武为战胜清军、匡复明朝而特为福王政府出谋划策之文,既表达了他的拳拳爱国之心,也反映了他当时的经济、政治和军事思想。他带了这些文章,兴冲冲赶到南京,想干一番大事业。可是,到了南京之后,他才了解到福王政府内部一片混乱腐败的情况,自觉不能有所建树,就打道回府了。

顺治二年(1645年)五月,清兵进入南京。六月上旬,清大将兼刑部侍郎李延龄、副将总兵官兼江南巡抚王国宝率骑兵千余人,进驻苏州。闰六月,江南各府纷纷起义抗清。初四日,吴志葵军自海上起兵,经淀湖,攻入苏州。当时配合吴军进攻苏州的,还有以吴江进士吴易为首的太湖义军,以及由故郧抚王永祚领导的昆山等地的义军。顾炎武及其友人归庄、吴其沆等,在县令杨永言带领下,参加了王永祚军。此役以义军失败而终。十五日,昆山起义兵自守。当时,顾炎武带领绅士们"聚粮移檄",作长期守城准备。七月初六日,清兵攻入昆山城,并在昆山城中一连烧杀六天,死难者四万。顾炎武的两个胞弟惨遭杀害,本生母何氏被清骑兵砍伤右臂,顾炎武幸免于难。继昆山陷落之后,常熟城亦被清兵占领,此时住在常熟的顾炎武的养母王氏,闻县城失陷,乃绝食而死,临终嘱咐炎武"读书隐居,无仕二姓"。此后,顾炎武一度追随统率一支抗清义军转战于太湖一带的吴易,秘密参与了吴军的抗清斗争。顺治二年(1645年)闰六月,明太祖八世孙朱聿键称帝于福州,号隆武。吴易的抗清活动受到隆武的关注,并以其斗争出色而封之为"长兴伯"。顾炎武也被遥授官职,并在翌年春接到了隆武诏书,其内容一是任命顾炎武为兵部职方司主事,二是命令他纂修"国史"(明史)。嗣后,顾炎武曾欲偕族父顾咸正赴闽中,但因故未能成行。顺治四年(1647年)八月,清军攻入福建,隆武政权覆灭。

隆武政权覆灭后,顾炎武曾秘密写信给郑成功,试图与海上抗清武装力量取得联系,但未获成功,后又尝试从海道入闽以投南明鲁王政权,然亦未果,遂暂时隐居太湖,继续从事《天下郡国利病书》的写作。这期间,顾炎武曾流转于江南各地,并于顺治七年(1650年)参加了吴江的惊隐诗社(又名"逃社",亦称"逃之盟"),入其社者均是明朝遗民。

顺治九年(1652年)春,《天下郡国利病书》初稿已成,顾炎武决定"北学于中国",但就在这时,发生了"陆恩事件"。陆恩是顾家三世之仆,后见顾家衰落,遂生叛逆之心。顾炎武曾给郑成功写过一封信,把这信夹于《金刚经》中,托一僧人送往海上,不料此事为陆恩侦知,他暗中从那僧人处购得其信,把它藏匿起来。数年后,陆恩叛主投靠了曾与顾炎武在经济上有过纠葛且互相积怨甚深的土豪叶方恒,叶氏从陆恩处获悉顾炎武曾有"不轨"行为,且有把柄在握,遂趁机报复冤家,要告发其"通海",顾炎武惊恐,遂招来亲友暗杀了陆恩。陆氏死后,其女婿在叶氏帮助下,将顾炎武抓了起来,胁迫其自裁,所幸顾炎武友人及时相救而未果,叶氏等又讼诸官府,由于顾炎武友人从中斡旋,官府最终以杀有罪奴而仅给了顾炎武"拟杖"的轻罚,便了结此案。

顺治十四年(1657年)元旦,顾炎武晋谒孝陵。7年之间,顾炎武共六谒孝陵,以寄故国之思,然后返昆山,将家产尽行变卖,从此掉首故乡,一去不归,是年炎武45岁。顺治十六年(1659年),炎武到山海关凭吊古战场,此后20多年间,他孑然一身,游踪不定,足迹遍及山东、河北、山西、河南,"往来曲折二三万里,所览书又得万余卷",结识了许多志同道合的朋友,晚年始定居陕西华阴。康熙七年(1668年),顾炎武又因莱州黄培诗案入狱,得友人李因笃等营救出狱。康熙十年(1671年),顾炎武游京师,住在外甥徐干学家中,熊赐履设宴款待炎武,邀修《明史》,炎武拒绝说:"果有此举,不为介之推逃,则为屈原之死矣!"

康熙十七年(1678年),康熙帝开博学鸿儒科,招致明朝遗民,顾炎武三度致书叶方蔼,表示"耿耿此心,终始不变",以死坚拒推荐,又说"七十老翁何所求?正欠一死!若必相逼,则以身殉之矣!"。康熙十八年(1679年)清廷开明史馆,顾炎武回拒熊赐履。康熙十九年(1680年),顾炎武夫人死于昆山。康熙二十一年正月初四(1682年2月10日)在山西曲沃韩姓友人家,上马时不慎失足,呕吐不止,五日后,这位明末清初著名的思想家离开了人世,享年七十。

顾炎武一生学行,可以用"博学于文""行己有耻"这八个字来概括:"博学于文""行己有耻"二语,分别出自《论语》的《颜渊》篇和《子路》篇,是孔子在不同场合答复门人问难时所提出的两个主张。顾炎武将二者结合起来,并赋予了新的时代内容,成了他的为学宗旨与处世之道。他说:"愚所谓圣人之道者如之何?曰'博学于文',曰'行己有耻'。自一身以至天下国家,皆学之事也;自子臣弟友以至出入往来、辞受取与之间,皆有耻之事也。"可见,他所理解的"博学于文"是和"家国天下"之事相联系的,因而也就不仅仅限于文献知识,还包括广闻博见和考察审问得来的社会实际知识。他指责王学末流"言心言性,舍多而学以求一贯之方,置四海之困不言而终日讲危微精一之说",说明他所关心的还是"四海之困穷"的天下国家之事,所注重的自然是"经世致用之实学",这也就是顾炎武"博学于文"的为学宗旨。

所谓"行己有耻",即是要用羞恶廉耻之心来约束自己的言行。顾炎武把"自子臣弟友以至出入往来、辞受取与"等处世待人之道都看成是属于"行己有耻"的范围。有鉴于明末清初有些学人和士大夫寡廉鲜耻、趋炎附势而丧失民族气节,他把"博学于文"与"行己有耻"结合起来,强调二者的关系。他说:"士而不先言耻,则为无本之人;非好古而多闻,则为空虚之学。以无本之人而讲空虚之学,吾见其日是从事于圣人而去之弥远也。"因此,他认为只有懂得羞恶廉耻而注重实学的人,才真正符合"圣人之道"。否则,就远离了"圣人之道"。所以,"博学于文"、"行己有耻"既是顾炎武的为学宗旨和立身处世的为人之道,也是他崇实致用学风的出发点。

此外,顾炎武"博学于文"的为学宗旨的一大特色,是他不仅强调读书,而且提倡走出书斋、到社会中去考察。他说:"人之为学,不日进则日退。独学无友,则孤陋而难成。……犹当博学审问。……若既不出户、又不读书,则是面墙之士,虽子羔、原宪之贤,终无济于天下。"他提倡读书与考察相结合的方法,就是我们今天所说的理论和实践相结合的方法。这个方法的提出和运用,开创了清初实学的新风。

顾炎武被称作是清朝"开国儒师""清学开山"始祖,是著名经学家、史地学家、音韵学家。他学识渊博,在经学、史学、音韵、金石考古、方志舆地以及诗文诸学上,都有较深造诣,建树了承前启后之功。他继承明季学者的反理学思潮,不仅对陆王心学作了清算,而且在性与天道、理气、道器、知行、天理人欲诸多范畴上,都显示了与程朱理学迥异的为学旨趣。顾炎武为学以经世致用的鲜明旨趣,朴实归纳的考据方法,独辟蹊径的探索精神,以及他在众多学术领域的成就,宣告了晚明空疏学风的终结,开启了一代朴实学风的先路,给予清代学者以极为有益的影响。顾炎武还提倡"利国富民",并认为"善为国者,藏之于民"。他大胆怀疑君权,并提出了具有早期民主启蒙思想色彩的"众治"的主张。他提倡经世致用,反对空谈,注意广求证据。钱穆称其重实用而不尚空谈,"能于政事诸端切实发挥其利弊,可谓内圣外王体用兼备之学"。顾炎武一生不屈服于恶势力的反抗精神,强烈地关注国家、民族的前途和命运的积极思想,卓越的、多方面的学术和思想成就,使他无可争辩地受到当时及后世的称赞和纪念,他以天下为己任的爱国主义精神将永远激励着中国人民。

清代大学者戴震

戴震(1724年—1777年),字东原,安徽屯溪人。他既是乾嘉考据学久负盛名的"皖派宗师",又是在儒学内部最早批判"以理杀人"的思想家。他在学术上、思想上的卓越建树,对他生活的时代以及后世都产生过巨大的影响。

文献记载戴震大器晚成,10岁时才开始说话。为他作《年谱》的戴门弟子段玉裁解释说:"盖聪明蕴蓄者深矣。"就在这一年,他去拜师读书,无非是《四书》《五经》之类。他的记忆力非常出众,能达到"过目成诵"的境界,每天能记诵数千言甚至更多。这表明他不是一个普通的孩子。

戴震自幼养成了独立思考、寻根究底的学习习惯。当时学子都要读《四书》《五经》。《大学》是《四书》之一,宋代理学家极力表彰,朱熹并作

戴震

《大学章句》,将《大学》一篇分为经、传两个部分,并移易旧文。从首句"大学之道,在明明德"至"其所厚者薄,而其所薄者厚,未之有也",朱注云:"右经一章,盖孔子之言,而曾子述之。其传十章,则曾子之意,而门人记之也。旧本颇有错简,今因程子所定,而更考经文,别为序次如左。"对于朱熹区分经传,虽然有人提出过怀疑,但五百多年来,程朱理学作为官方意识形态,占据了统治地位,人们也就相信了朱熹的说法。可是戴震是不相信的。有一天塾师讲授《大学章句》,至"右经一章"以下,戴震

问："此何以知为孔子之言而曾子述之？又何以知为曾子之意而门人记之？"塾师回答说："此朱文公所说。"又问："朱文公何时人？"回答说："宋朝人。""孔子、曾子何时人？""周朝人。""周朝、宋朝相去几何时矣？""几千年矣。""然则朱文公何以知然？"塾师无法解答，只得夸戴震说"此非常儿也"。

的确，戴震小小年纪就敢于怀疑，不盲从，表现出与众不同的一面，这对他后来倡导朴学、批判权威产生过很大的影响。

戴震读书，有一种"每一字必求其义"的习惯。塾师授课，讲以下引文凡见于《年谱》者不再注出处，凡见《戴震集》者仅注篇名。解前人的传注训诂，戴震往往不明其义。他不喜欢人云亦云，何况前人传注中往往谬误百出。因此，他要探本溯源，花了三年工夫穷究近代字书及东汉许慎的《说文解字》，把握了其中的精髓。在此基础上，他"又取《尔雅》《方言》及汉儒传、注、笺之存于今者参伍考究，一字之义，必本六书，贯群经以为定诂，由是尽通"。这样，为以后学术、思想更上一层楼打下了坚实的基础。"先通训诂"成为戴震及其后学的一个很重要的治学方法。

《十三经注疏》卷帙浩繁，达数百万言。可17岁的戴震已能"全举其辞"。他后来对段玉裁说："余于疏不能尽记，经注则无不能倍（背）诵也。"又说："经之至者道也，所以明道者其辞也，所以成辞者字也。必由字以通其辞，由辞以通其道，乃可得之。"他曾在给段玉裁的一封信中说："仆自十七岁时，有志闻道，谓非求之《六经》、孔、孟不得，非从事于字义、制度、名物，无由以通其语言。宋儒讥训诂之学，轻语言文字，是犹渡江河而弃舟楫，欲登高而无阶梯也。为之三十余年，灼然知古今治乱之源在是。"在他看来，宋儒重义理而轻文字、音韵、训诂，专尚空虚无用之学，是没有在基本功上用力。他对为学先后的看法、对宋儒的批评虽然定型于晚年，但在17岁左右的读书实践中就已经萌芽了。

这以后，戴震随父亲在江西、福建、南京等地经商，广泛接触到社会生活。同时，他的经学也日有进步。20岁那年，回到故乡，此时他已经是一位饱读诗书的青年学者了。戴家小少爷的名字慢慢地被当地的一些名流所知。同邑的程询很喜欢这位还有些稚气的年轻人。他说："载道器也。吾见人多矣，如子者，魏科硕辅，诚不足言。"他看出这位博学的后生有着过人的才华，擢高第、取显宦，如探囊中之物。但戴震的前程果真能够顺利吗？

离休宁不远的婺源县有一位老先生姓江名永字慎修，是一位著名的学者，治经数十年，精通三《礼》(《周礼》《仪礼》《礼记》)以及步算、钟律、声韵、地名沿革，"博综淹贯，岿然大师"，戴震久闻其大名，就拜在他的门下，"取平时所学就正焉"。当时歙县大商人汪梧凤建不速园，广置图书，招揽学者，戴震与同县人郑牧、歙县人汪肇龙、方矩、程瑶田、金榜等人与江永皆"诵读讲贯其中"。

在这以后，戴震学术大进，尤其是在筹算、名物、训诂等方面的研究上，提出了很多真知灼见。22岁时，写成《筹算》(后更名为《策算》)一卷；23岁撰成《六书论》三卷；24岁撰成《考工记图注》；25岁时写成《转语》20章；到27岁左右，撰成《尔雅文字考》十卷。作为一位青年学者，已在学术上取得了令人瞩目的成就，但"学日进而遇日益穷"，戴震的经济状况日益恶化。29岁时，他被补为休宁县学生。

乾隆十七年(1752年)，戴震30岁，进入而立之年。这一年，休宁发生大旱，"斗米千钱"，戴震家中乏食，于是与面铺相约，"日取面为飧餐，闭户成《屈原赋注》"。当时戴震在学术界虽小有名气，但毕竟还算年轻。因此他又作《屈武音义》，假名汪梧凤。另有《勾股割圜记》一书，利用西洋算法进行注解，假名吴思孝。这两个人都有一定的影响。

乾隆二十年(1755年)，一场家族财产纠纷迫使戴震入京避祸。戴震状告一个家族中强横子弟侵占祖坟,不料这个强横子弟倚仗财势打通关节,反诬戴震不法,县令准备抓他治罪。戴震闻讯,"乃脱身挟策入都",只带了一些书籍和本人的著述,其他行李、衣服都没有带。他寄旅于歙县会馆,"是时纪太史昀、王太史鸣盛、钱太史大昕、王中翰昶、朱太史筠,俱甲戌进士,以学问名一时,耳先生名,往访之。叩其学,听其言,观其书,莫不击节叹赏,于是声重京师,名公卿争相交焉"。京师之行,是戴震学术生涯中的一件大事。纪昀、王鸣盛、钱大昕、王昶、朱筠、秦蕙田、姚鼐、王安国、卢文等一大批学术名流都与戴震相识。这些人对戴震的学识都很推赏,为他广为延誉。戴震与这些堪称海内硕儒的人交往,扩大了眼界,增长了见识,学术上也更为成熟。

在京师期间,戴震出入名儒硕彦之门,朝夕讲论。他写了《周礼太史正岁年解》二篇,又有《周髀北极璇玑四游解》二篇,这些都是他的重要著作。他还写了不少书信,在这些书信中,他反复阐述了自己的学术主张。此外,他应王安国之邀,到其家塾课其子念孙。王念孙、王引之父子后来蔚为一代考据大师,与戴震的影响分不开。

戴震在京师滞留了两年,声名鹊起,名扬海内。乾隆二十二年(1757年),南还,在扬州结识了惠栋。惠栋是清代汉学吴派的开创者,而戴震则是皖派宗师,二人在学术见解上有很多相似之处。戴震说:"惠君与余相善,盖深嫉乎凿空以为经也"、当然皖派与吴派在治学方法上有一定的分歧,但这只是清代汉学内部的分歧。章太炎、梁启超都曾对戴、惠之间的差别有所论述。章太炎说:"惠氏温故,故其徒敦守旧贯,多不仕进;戴氏知新,而隐有所痛于时政,则《孟子字义疏证》所为作也。"梁启超以"译言"为喻,说明皖、吴二派之差别:"惠派之治经也,如不通欧语之人读欧书,机译人为神圣,汉儒则其译人也,故信凭之不敢有所出入。戴派不然,对于译人不轻信焉,求原文之正确,然后即安。惠派所得,则断章零句,援古正后而已;戴派每发明一义例,则通诸群书,而皆得其读。是故惠派可名之曰汉学,戴派则确为清学,而非汉学。"章、梁二人的论述非常确切。

扬州的学术空气非常浓厚,是当时的一个学术中心。戴震结识惠栋以后,钱穆认为他的论学宗旨发生一大变化,"其先以康成、程朱分说,谓于义理制数互有得失者;今则并归一途,所得尽在汉,所失尽在宋。义理统于故训典制,不啻曰即故训即典制而义理矣"。戴震在扬州客居达4年之久。

戴震虽然博学多闻,名满海内,但科举之途对他来说却比登天还难。直到40岁时,才考中举人。以后六次入京参加会试,但每次都名落孙山。毕竟科举考试所需要的是能够作八股文的"人才",戴震重经学、讲训诂,作出来的八股文未免多了一些学究气,因而不被考官青睐。

由于屡试不第,戴震只好南下,主讲浙江金华书院,这一年他已50岁了。他从37岁参加乡试,40岁时才考中举人。以后十年之间,他汲汲科举,希望能在科场上获得成功。但每次都失望而归。直到乾隆三十八年(1773年),戴震的命运才稍稍有些转机。

早在乾隆三十七年(1772年),清高宗弘历(乾隆帝)打着"稽古右文"的旗号,命各省督抚、学政购访遗书,第二年,又命儒臣从《永乐大典》等书中钩辑佚书,并开四库馆,准备修纂《四库全书》。四库馆网罗了一大批著名学者。戴震当时已名重海内,连乾隆帝也风闻过他的大名。这时,纪昀、裴修等人在乾隆面前力荐,于是特召戴震入京,充四库馆纂修官。

戴震进入四库馆后,参加了校订群书的工作。当时由于大量书籍已经散佚,而明代所修《永乐大典》保存了大量的珍贵文献,由此《四库全书》中很大一部分书籍都需从《永乐大典》中辑佚。戴震于乾隆三十九年

（1774 年）成《水经注》的校勘工作。他分别经、注，并归纳出三种原则，订正经、注之互伪。《永乐大典》本《水经注》较胜各本，又有郦道元《自序》，他用以校勘通行本，凡补其缺漏者 2128 个字，删其妄增者 1448 个字，正其进改得 3715 个字。当戴震把它进献给乾隆帝后，乾隆龙颜大悦，这位爱附庸风雅的皇帝亲撰御诗褒扬说：

悉心编纂诚堪奖，触目研摩亦可亲。

设以《春秋》素臣例，足称中尉继功人。

戴震除校勘《水经注》外，还校勘了《九章算术》等古代数学著作。他在四库馆中所校之书还很多。据段玉裁《年谱》，从乾隆三十八年（1773 年）戴震入四库馆，到乾隆四十二年（1777 年）戴震去世，这 5 年时间里，他还校勘了《海岛算经》《仪礼识误》《仪礼集释》《项氏家说》《大戴礼》等官书，并撰写《提要》。戴震所校官书大体上都是天文、算法、地理、水经、小学、方言、礼制诸书。他的校勘态度非常认真，悉心考订，正伪、补脱、删衍，力求其实，堪称乾嘉学风的榜样。

即使进入了四库馆，戴震仍然没有放弃作为一个读书人的理想——考取进士。乾隆四十年（1775 年），他已经 53 岁了，这年秋闱，他去会试，但命运仿佛偏要捉弄这位名重一时的著名学者，他又一次落第。这一回，乾隆皇帝格外开恩，准许他与本年贡士一起参加殿试，赐同进士出身，授翰林院庶吉士。两年以后，戴震在北京去世，终年 55 岁。

在学术研究中，戴震首先是以乾嘉考据之学大师著称于世的。但与清代中叶其他经师钻故纸堆不同的是，戴震考据学的出发点在于有意识地继承并发扬顾炎武以来的学术传统，他提出过"由故训以明义理""执义理而后能考核"的学术思想，既反对程朱理学空谈义理的虚玄无物，又反对乾嘉考据的矫枉过正。他说："凡学始乎离词，中乎辨言，终乎闻道。""离词——辨言——闻道"，构成了戴震哲学的主体框架。在戴震看来,故训明物,乃是明道之具,两者是不能分开的。他说:"夫今人读书,文字之鲜能通,妄谓通其语言;语言之鲜能有通,妄谓通其心志。"意思是,义理、考据、辞章(词章)同为学问之途,"义理即考核、文章二者之源",义理是最为重要的,考据、辞章只不过是通向义理的手段。这直接导致了戴震的考据学具有与众不同的性质:"有志闻道,为非求之《六经》、孔、孟不得,非从事于字义、制度、名物,无由以通其语言。宋儒讥训诂之学,轻语言文字,是犹渡江河而弃舟楫,欲登高而无阶梯也。"从现代解释学的角度看来,戴震"取证于经书"的训诂学,完全是一个主体意识呈现的过程,是通过传统经典的义理发现来揭示哲学思想的手段。

　　戴震最高的学术成就其实不在于文字考据,而在义理之学。章学诚说:"戴君所学,深通训诂,究于名物制度,而得其所以然,将以明道也。时人方贵博雅考订,见其训诂名物,有合时好,以谓戴之绝诣在此。及戴著《论性》《原善》诸篇,于天人理气,实有发前人之所未发者。时人则谓空说义理,可以无作,是固不知戴学者矣。"章氏高论可谓独具慧眼。戴震借助对《孟子》的再次诠释(主要见于他的代表作《孟子字义疏证》),重新解释了理、天道、性、才、道、仁、义、礼、智、诚等哲学范畴,在继承并尖锐批评程朱理学的同时,展现了自己的哲学思想。他坚持"气化即道"的宇宙观,谓:"道,犹行也;气化流行,生生不息,是故谓之道。"并且说:"阴阳五行,道之实体也。"也就是说,阴阳五行永不停息的运动构成了道的真实内容。戴震的哲学思想特别擅长于哲学分析、抽象与理性思辨。他重新梳理了"化之原"与"化之流""生生者"与"生生而条理者"以及"自然""必然""本然"的关系,认为宇宙生命及其变化的源头是"仁","仁"是"生生者","变化之流"是"生生之条理者",即"理"。换言之,人道本于性,而人性源于天道;天道固无不善,人道、人性自然也就无不善;于是,人的生命价值与宇宙生命的意义就融汇于"天人合一"的境界:基于本然之德,归于必然之常,以全其自然之顺。

戴震最大的理论贡献在于打破了"天理""理"的神圣性、神秘性,他用分析的方法将其还原为不同类与不同事物的规定性,借助先秦两汉时期质朴、平实的经典释诂,指出所谓"天理"就是天然的、自然而然的道理。宋儒将"理"与"欲"截然对立,戴震则认为,"理"与"欲"是统一的,欲望的适当满足就是"理"。"理者,存乎欲者也。"他十分注重人的血气心知,"人生而有欲、有情、有知,三者,血气心知之自然也。……惟有欲有情而又有知,然后欲得遂也,情得达也。"欲、情、知是天赋的人性,天赋人以"心",即理性思维来调节作为感性存在的人。换言之,人欲并不可怕,也不是邪恶的,追求人欲的满足是正当的人性要求。欲、情、知三者条畅通达,才是人生的理想状态。

戴震以"理欲一元"的论说,打破了程朱理学"理欲二元论"的藩篱,并且视程朱之"理"为专制主义的"残杀之具":"尊者以理责卑,长者以理责幼,贵者以理责贱,虽失,谓之顺;卑者、幼者、贱者以理争之,虽得,谓之逆。于是下之人不能以天下之同情、天下所同欲达之于上;上以理责旗下,而在下之罪,人人不胜指数。人死于法,犹有怜之者;死于理,其谁怜之?"诸如此类的论述在辛亥革命和五四运动时期都十分流行。这些思想在客观上反映了当时市民阶层的平等要求,包含着启蒙思想的因素,是中国文化现代转型的先声。

学贯中西的思想家严复

近代中国,饱受西方列强的欺凌。在残酷的事实面前,一部分中国人渐渐觉悟:靠祖宗之法,我们永远打不过列强。于是,聪明的中国人意识到:要学习西方的长处来对付西方,即"师夷长技以治夷"。

严复就是近代中国学习西方的先驱,也是中国历史上第一位学贯中西的出色的思想家。严复原名宗光,字又陵,后改名复,字几道,汉族,福建侯官人,曾担任过京师大学堂译局总办、上海复旦公学校长、安庆高等师范学堂校长,清朝学部名辞馆总编辑。他是清末很有影响的资产阶级启蒙思想家、翻译家和教育家,是中国近代史上向西方国家寻求真理的"先进的中国人"之一。

严复

严复自幼家贫,无法像富家子弟一样,走科举步入仕途之路。他14岁时考入当时洋务派创办的海军学校。从此一生与海军结下难解之缘。

海军学校是洋务派培养海军军官的地方。严复在那里学习了英文、算术、几何、代数、解析几何、微积分、电磁学、光学、音学、热学、化学、地质学、天文学、航海术等课程，开始初步接受科学知识。这些课程是走科举"正路"的人所修习不到的。严复虽然成绩优异，但始终也没有作为指挥官率军舰参加过战斗。他毕业后，与一些同学又被选送英国深造。他们这些留学生是清政府派出留学的第二批学员。此前，詹天佑等人首批被派往美国学习。因此，他们都属最早到海外留学的中国人。

在英国，严复的思想发生了转变。与他同去的12名留学生中，11人都将大部分时间花在在英国军舰上实习。这些人后来成为北洋水师的重要将领，甲午战争中一些人壮烈牺牲。只有严复一人没有到军舰实习过，他将大部分时间花在学校里。此时的严复已不想做一名出色的海军军官，也不相信洋务派所标榜的练兵自强的说法，而是想摸索、研究可以使古老而落后的中国复兴强盛的根本道路。

他去过法庭，看律师辩护，看法官断案，回来后若有所失。显然，英国人的审判与清王朝大堂之上酷刑交加的问案迥然不同。严复觉得只有英国这种做法，才真能使"公理日伸"。他又看到英国的城市，治理得井井有条，反观中国情形，则完全两样。严复追问自己，为什么会造成这种差别呢？他觉得关键是专制政治和立宪政治不同。因为专制政治不许人民参加，自然上下不可能一心，政治也就办不好。而立宪制能"和同为治"，百姓也能积极参与，政治也能清明。所以，中国的人民在专制制度下都是"苦力"，而西洋的人民，都是"爱国者"。

严复在英国时，正是英国全盛的时代，英国工业居世界首位，资本主义思想也凯歌行进。与英国一水之隔的法国，也产生了一大批思想家，严复最倾心的，在他后来的著作中提到或亲自翻译他们著作的有：亚当·斯密、孟德斯鸠、卢梭、边沁、穆勒、达尔文、赫胥黎、斯宾塞等人。严复也曾到法国,考察过法国社会,这些都对他产生了深刻的影响。在英国的几年里,严复已对西方社会及其文化思想有了相当深刻的了解,他逐渐相信,只有西方的思想才能使中国强盛起来。

归国后,严复在天津任北洋水师学堂校长。此后二十多年,严复一直在这个洋务派兴办的海军学校里任职。严复的到来,给北洋水师学堂带来了西方现代海军管理思想和教学理论。由于他对待工作认真负责、教育教学工作管理有方,加之严复对李鸿章曾有所表示,因此他由总教习(教务长)、会办(副校长),一直升至总办(校长)。严复对当时的官场是很不满的。针对此事,四弟观澜告诉他,无论如何,李鸿章这个门路,总是要走动走动的,因为李鸿章权势既大,又是直接上司。于是严复偶然也去试试,没想到果然有用。对此严复给四弟的信中曾不无幽默地说:"用吾弟之言,多见此老,果然即有好处,大奇大奇。"但严复对李鸿章的趋奉也仅此而已。他一边从事公务,一边研究西学,着手翻译西方著名思想家的著作。

1895年,甲午战争失败。他的许多同学阵亡,北洋水师受到毁灭性打击。严复受到战争失败的强烈刺激,这也促成他思想的彻底转变。这一年,他在报上发表了几篇重要的文章,明确提出反对专制政体的民主思想。严复主张核心的一点就是要想使中国富强,就必须通过创立议院和提倡西学的办法,使中国成为西洋资本主义式的繁荣富强的君主立宪国家。这是对几千年封建帝制的挑战!

此时严复的思想虽然与康有为、梁启超、谭嗣同基本相同,但却有一个不同点。康、梁、谭等人少年时所受教育都是四书五经之类的封建教育,没有接触过科学知识,他们未曾到过欧美等国,不曾亲身感受到西方制度,也不懂这些国家的文字,不能直接阅读西方思想家的著作。他们靠旧学根基,附会上对西方的肤浅认识而提出反专制,提倡民权的思想。

这与严复饱受西方思想的浸染是不可同日而语的。那个时代,严复对西方的了解在中国是别人所不能比及的。因而严复所提出的观点和主张比维新派其他人都更激进,也更深刻。

严复疾呼必须实行变法,否则必然亡国。而变法最当先的是废除八股。严复历数八股的危害:夫八股非自能害国也,害在使天下无人才,其使天下无人才奈何?曰有大害三:"其一曰锢智慧""其二曰坏心术""其三曰滋游手"。严复主张多办学校,他曾论述西洋各国重视教育,对"民不读书,罪其父母"的强行义务教育表示赞赏。因为国民之愚智悬殊,自然不能胜过人家。基于这种思想,严复积极兴办学校。他除亲自总理北洋水师学堂长达二十年外,还帮助别人办过学校,如天津俄文馆、北京通艺学堂等。严复要求建立完整的学校系统来普及教育,以"开民智"。他根据资本主义国家的制度,提出中国的学校教育应分三段的计划,即小学堂、中学堂和大学堂。小学堂吸收 16 岁以前的儿童入学;中学堂吸收 16 岁至 21 岁文理通顺、有小学基础的青年入学;在大学堂学习三四年,然后升入专门学堂进行分科的专业学习 。同时,还要把学习好的聪明之士送出国外留学,以造就学有专长的人才。

此外,严复还很重视妇女教育。他对当时上海径正女学的创办大为赞赏。认为这是中国妇女摆脱封建礼教束缚的开始,也是中国妇女自强的开始。他从救亡图存的目的出发,认为妇女自强"为国致至深之根本"。他还主张妇女应和男子一样,在女学堂里既要读书,又要参加社会活动,如果不参加社会活动,创办的女学堂就和封建私塾没什么区别,因而也就无意义了。显然,他是将妇女置于整个社会变革,特别是妇女自身解放的前提下来考虑的,故十分强调参加社会活动对女学堂学生的重要意义;这也是他在妇女教育方面高出一般人之处。

严复提倡西学,反对洋务派"中学为体、西学为用"的观点。他曾多次将中学与西学作比较:"中国最重三纲,而西人首言平等;中国亲亲,而西人尚贤;中国以孝治天下,而西人以公治天下;中国尊主,而西人隆民……其于为学也,中国夸多识,而西人恃人力。"总之,西学"于学术则黜伪而崇真"。他还指出"中国之人好古而忽今,西之人力今以胜古"。所以,他认为就是尧、舜、孔子生在今天的话,也要向西方学习。

要救中国必须学西学和西洋"格致","益非西学,洋文无以为耳目,而舍格之事,则仅得其皮毛"。他认为"中学有中学之体用,西学有西学之体用,分之则两立,合之则两止"。他认为应做到"体用一致",要从政治制度上进行改革,提出"以自由为体,以民主为和"的教育方针。

他从"体用一致"的观点出发,具体规定了所设想的学校体系中各阶段的教学内容和教学方法。他认为在小学阶段,教育目的是使儿童能"为条达妥适之文","而于经义史事亦粗通晓",因则"旧学功课,十当其九",并以明白易懂的文字翻译西学中"最浅最实之普学"为辅助读物。在教学方法上,多采用讲解,减少记诵工夫。中学阶段应以"西学为重点","洋文功课居十分之七,中文功课居十分之三",并且规定"一切皆用洋文授课"。在高等学堂阶段,主要学"西学",至于"中文",则是"有考校,无功课;有书籍,无讲席,听学者以余力自治力"。他认为对于青少年,应引导他们独立思考,学些专深的知识,如此,让他们有所收益,触类旁通、左右逢源。

科学方法问题是严复西学观中的一个重要方面,他曾翻译《穆勒名学》("形式逻辑"),并积极进行对"名学"的宣传介绍。他认为归纳和演绎是建立科学的两种重要手段。我国几千年来,"演绎"甚多,"归纳"绝少,这也是中国"学术之所以多诬,而国计民生之所以病也"的一个原因。严复更重视归纳法,主张要"亲为观察调查",反对"所求而多论者,皆在文字楮素(纸墨)之间而不知求诸事实"。他曾用赫胥黎的话说:"读书得智,是第二手事。唯能以宇宙为我简编,各物为我文字者,斯真学耳。"

严复写文章的同时,翻译出了赫胥黎的《天演论》。《天演论》即《进化论》,它的基本原理就是"物竞天择,适者生存"。通过这部书,严复向全国人士敲起国家危亡的警钟。《天演论》一经出版,立刻引起全社会的震动,产生了巨大影响,没几年《天演论》便成为一般救国人士的理论根据。它教育了整整一代人,如鲁迅那代人,他们接受西方思想都是从接受《天演论》开始的。

但是,当时的中国还是封建的清王朝专制制度。顽固派的势力还很强大,他们对这种激进思想不会坐视不管。顽固派以政变的方式囚禁了赞成变革的皇帝。与严复主张相同的谭嗣同等人被残酷地杀害。康有为、梁启超等人跑的跑,逃的逃。严复的心情异常地沉痛,一方面对顽固派无比愤慨,一方面又面对现实无可奈何。

在这种情况下,严复潜心钻研,把主要精力放在翻译西方著作上来。十多年里,他翻译出了亚当·斯密的《原富》、斯宾塞的《群学言条》、孟德斯鸠的《情意》等有很大影响的 8 部著作。他比较系统地把西方的思想介绍给中国人。这在严复之前是没人做过的,就是在严复之后,也很难找出同他一样有相当影响的传播西方思想的人。

严复的工作,使许多不懂外文的中国人接触到了西方的思想,一些仁人志士认识到:只有用西方的思想,才能使中国繁荣富强。这是后来孙中山等资产阶级革命者所走的道路。他们最终把皇帝赶下了台,推翻了帝制。

晚年的严复趋于保守,甚至说过"中国必不可亡国,旧法必不可叛"。与他相似的是康有为、梁启超等人,他们都曾有过激进的主张,而晚年甚至走向反动。这是历史的局限,也是他们个人的局限。然而作为先驱者,他们功不可没。

(说明:本书使用的个别图片无法与原作者取得联系,在此表示歉意,敬请原作者及时与我社联系,我社将按照有关标准支付报酬。)